LA VALSE DES ÉTHIQUES

AGORA

Collection dirigée par François Laurent

ALAIN ETCHEGOYEN

LA VALSE DES ÉTHIQUES

ÉDITIONS FRANÇOIS BOURIN

ISBN 2-266-06208-5

Pour mes filles et fils,
Marie, Sophie, Laure et Guillaume.

Pour mes filles et fils,

Marie, Sophie, Laure et Guillaume.

REMERCIEMENTS

Je tiens à remercier tout particulièrement Catherine Bassani, qui m'assiste tous les jours dans mes travaux et qui m'a notamment soutenu dans le projet et la rédaction de ce livre ; je dois aussi beaucoup à tous ceux que j'ai pu rencontrer, chercheurs, syndicalistes, dirigeants d'entreprise et hommes de la communication.

Ils reconnaîtront leur apport dans ces quelques réflexions sur les éthiques et la Morale.

Oui, la morale, dont nous avons si peur que nous nous réfugions désormais derrière le petit vocable étriqué d'éthique,
la morale profonde se fonde comme l'ontologie :
l'être et l'acte ensemble s'enracinent dans la grandeur.

Michel Serres, 1991.

Il ne faut pas se laisser impressionner par la fausse maturité des modernes qui ne trouvent pas pour l'éthique,
dénoncée sous le nom de moralisme,
de place dans un discours raisonnable.

Emmanuel Levinas, 1991.

et a contrario...

Il n'existe pas au Maroc de prisonniers politiques,
il n'y a que des prisonniers d'éthique.

Hassan II, 1991.

Nous sommes aujourd'hui *démoralisés*. Ce qui signifie, ici et maintenant, que nous n'avons plus de morale. Les repères ont disparu, les devoirs s'effacent et nous héritons du vide.

La morale fut d'abord proscrite des *discours* : il suffisait d'y recourir pour se discréditer, entre archaïsme ridicule et didactisme pontifiant. « Moralisateur » condamnait l'essai comme la tragédie ou le projet politique. Mais la morale hantait encore les consciences et quelquefois les *actes*. Elle s'est ensuite exténuée dans les pratiques elles-mêmes, laissant nos consciences en déshérence, amputées d'argumentations fondatrices. En distinguant ces deux absences, des discours et des actes, nous pourrons confronter nos responsabilités pour les temps à venir à une meilleure conscience de notre irresponsabilité passée : dans la démoralisation progressive, les discours ont précédé les actes sans que jamais leurs émetteurs prennent la mesure des effets qu'ils induisaient. En jetant le bébé avec l'eau du bain, la morale avec ses perversions et déviations, une génération a fait le lit de l'argent-roi, en toutes contradiction et inconscience. Les comportements ont peur du vide et la quantité sans conscience occupe un désert sans repères, où seuls comptent les comptes.

Depuis quelques années, jaillissant de sources très diverses, de nouvelles paroles reviennent dans la confusion, sous d'autres atours et d'autres mots. Les éthiques se sont substituées à la morale, comme un succédané. La transition de la Morale *singulière* aux éthiques *plurielles* est un signe des temps ; l'accusation de « mode » n'épuise guère le besoin qui traverse notre société, ni la nouvelle exigence qu'il exprime. Est-ce chance ou destin, la morale n'est jamais restée dans une absence lointaine : en témoigne le cynisme contraire qui, tout en dénigrant son angélisme, en consacre la promotion pour les nécessités de la communication. Il prouve, *a contrario*, que la manipulation s'étaye sur la morale elle-même, tapie dans les consciences.

Il nous reste en effet le souci d'une image qu'impose la communication toute-puissante. En dépit des discours moribonds et contre les actes devenus indifférents, nous savons que la morale garde un prix. Quel que soit l'oubli de son fondement, on subodore ce que vaut la confiance dans le cadre d'une négociation ou d'une carrière. Donner l'image d'un être moral, c'est avant tout proposer la garantie d'un être fiable. Les hommes de pouvoir savent, depuis Machiavel, que la moralité de l'image peut être un élément puissant de l'efficacité conçue comme fondement ultime de leur action. Si l'éthique marche, il faut l'utiliser, voire en abuser. Elle ne s'use que si l'on ne s'en sert pas, c'est-à-dire lorsque les actes contredisent la parole de façon flagrante.

Mais l'obscurité triomphe quand des acteurs sociaux se sentent investis d'une nouvelle légitimité en de multiples lieux : ils proposent alors une éthique à ceux qu'ils dominent, commandent ou contrôlent. L'individu, errant entre ces sphères, ne sait plus où donner de la conscience. Le voilà pris dans une valse des éthiques au rythme dissonant de partitions hétérogènes, chaque fois scandées à la mode de chez nous. On commence à connaître la musique, mais on peine à danser sur des rythmes contraires, qui fluctuent d'un territoire social à un autre.

Rien ne sert de déplorer une carence morale ni de s'enthousiasmer pour des substituts. Le manque produit un désir qui, parfois nostalgique, reste inassouvi. Il est improbable qu'en ces matières les lois du marché soient pleinement victorieuses : *l'offre d'éthique répond mal à la demande de morale*. Elle reste une réponse partielle, intelligente dans le meilleur des cas, manipulatoire dans le pire. Les éthiques locales ne sont pas à la hauteur de nos exigences nouvelles. A trop « faire l'intelligent » pour convaincre, on devient immoral par excès et moral par défaut. « *Ethic pays* », clame-t-on, prisonnier d'un système de mesure qui naquit sur les ruines de la morale.

Certes, nous pourrions juger sur pièces et nous contenter des effets de la communication sans nous préoccuper de l'intention des hommes. Le raisonnement serait simple : pour avoir une bonne image, il faut y intégrer la moralité ; à terme, il n'est pas possible de conserver cette image sans être effectivement moral ; donc la communication entraînerait le monde dans un cours moral, presque malgré lui. Outre que ce raisonnement vaut seulement pour quelques-uns, qui conçoivent une stratégie de communication, nous savons intuitivement qu'il est au moins simpliste, sinon spécieux. Encore faut-il le démonter pour le démontrer.

Nous ne pouvons faire de la communication, trop souvent versatile et superficielle, le seul dépôt de notre conscience, ni compter sur elle pour assurer dans le temps nos pratiques : sa puissance nouvelle s'éprouve dans l'éphémère. D'ailleurs, la moralité ne peut trouver son ressort dans l'exaltation d'une rentabilité immanente, pâle avatar des béatitudes anciennes, dans le grand écart du temps et de l'éternité ; l'éthique permet au mieux d'ajuster quelques comportements ponctuels. Il faut les relever, car cette communication de l'éthique nous signale un fait remarquable : échappée des discours et des actes, la morale subsiste dans les consciences puisque toute institution s'en préoccupe pour asseoir son image.

Les croisades contre la corruption et ses agents multiples s'épuisent dans la dénonciation, quand il nous faut de nouvelles énonciations. Gageons que là, comme ailleurs, du passé nous ne saurons faire table rase, même s'il nous faut, insatisfaits, parcourir quelques lieux où les éthiques se prennent pour la morale, comme les vessies pour des lanternes.

1.

Démoralisations

La disparition des discours

S'achève avec nous un siècle nécrophile. Les chroniques de morts annoncées se sont accumulées dans les amphithéâtres et les hebdomadaires. Les faire-part ont tenu lieu d'avis ; pour se faire un nom, il fallait dire une mort, sans autopsie ni démonstration. Ce siècle s'ouvrit sur la plus improbable et la plus déniée depuis, la mort de Dieu. Sa résurrection prévisible nargue tous les faux prophètes. Puis ce fut le tour de la Philosophie, de l'Homme, des Idéologies, et de Marx, un peu tard. Tout hommage devint une épitaphe, *obséquieuse* à proprement parler. La polémique ne consista plus à combattre, mais à ensevelir.

La morale fit partie du lot. Dans les années soixante, elle fut attaquée de toutes parts : les sciences humaines, les discours pédagogiques de l'école publique se sont ligués pour la tourner en dérision. Ils l'ont évacuée de tous leurs textes et propos, au terme d'une poursuite impitoyable. Le moindre soupçon de « moralisme » disqualifiait les discours et les écrits.

Les philosophes, d'abord, en première ligne de

fuite, l'ont désertée après l'avoir enterrée. Depuis quelques décennies, ils parlent de linguistique, de politique, de droits de l'homme, de l'Etre quelquefois, mais délaissent l'objet moral. Le professeur de philosophie, désemparé, ne sait plus que dire aux jeunes, pour leurs jours présents et à venir. Subsistent Epicure, Epictète et quelques-uns jusqu'à Kant. On recourt à Nietzsche, comme bourreau, et Bergson fait malheureusement sourire, comme on raille un sourcier. Demeurent l'histoire de la philosophie et les moralistes, excusés par la distance et le temps. On étudie leurs textes pour la beauté du système. Il nous en reste l'esthétique d'une pensée, dans la beauté des funérailles du Vrai et du Bien.

Quand les philosophes répudient la pensée morale, il ne subsiste plus, pour la conscience, que des objecteurs. Au coup par coup, nous savons qu'il a manqué une référence pour condamner à temps l'utopie meurtrière des Khmers rouges ou mieux évaluer la Révolution culturelle. Dans le désert discursif, en des temps de déconstruction systématique, plus aucune instance critique ne pouvait avoir une connotation morale. L'intelligence politique et stratégique conduisit aux pires naïvetés et au soutien des causes les plus criminelles de l'Histoire.

Mais il est peu probable que la morale soit tombée sous les coups de quelque philosophie critique, généalogique ou socialiste. Le discrédit est bien plus général. Il porte à la fois sur le mot, souvent abhorré, et sur la chose, souvent réduite à des préceptes mesquins. « Bourgeoise », la morale est passée progressivement pour hypocrite, désuète et manipulatoire. Simple *Règle du jeu* social, comme le réalisa Renoir. Trop longtemps elle a été mal supportée, par la médiocre qualité de ses supporters et par les contraintes secondaires qu'elle faisait passer pour premières. Les discours ont voulu tuer ce qui méritait d'être réformé ou amendé. L'obnubilation de la morale sur le sexe en est un exemple majeur : concentrée sur le carré blanc et la censure, elle s'y est souvent limitée, de sorte que l'immoralité évoquait plus l'adultère que la malhonnêteté. En ce sens, elle suggère la répression infondée, l'ukase, l'arbitraire. Ses interdits l'ont rendue négative et sa vertu affirmative a été oubliée : l'inhibition semblait son seul principe, la clôture sa méthode. Bergson le vit avec justesse, qui soutenait l'ouverture, et l'appel du héros était, pour lui, appel d'air vivifiant, néguentropique.

Il n'est guère étonnant que Bergson fît aussi l'éloge du désordre quand la morale s'adossait systématiquement à l'ordre. Car l'ordre moral est doublement honni, dans les deux acceptions du concept d'ordre lui-même : la dimension impérative de l'ordre qu'on reçoit et celle, descriptive, de l'ordre social auquel on adhère. La gratuité et la focalisation de ses impératifs ont réduit la morale à la défense d'un conformisme. Elle est apparue décalée par rapport à ses enjeux humanistes. Formelle, elle semblait adhérer pleinement au contenu de notre ordre social. La morale se réduisait en une morale de l'ordre établi, tous hommes à l'écart. Elle semblait n'être là que pour tenir en respect nos désirs et nos rapprochements : morale de la distance, de la componction et de la convention, tout associée à l'hypocrisie d'une société soucieuse de préserver ses inégalités. Il aura fallu quelque temps pour se remettre d'un tel passif. La morale est crédible si les actes suivent les discours et si son universalité n'est démentie ni par les intérêts qu'elle protège ni par les obsessions névrotiques qu'elle manifeste.

L'expression « faire la morale » est symptomatique. Elle devrait être des plus nobles. Dans sa littéralité, elle associe l'action et la prescription, la pratique et la vertu, elle est un « faire ». Or elle désigne maintenant le discours des donneurs de leçons, comme si la morale se réduisait à des paroles sempiternelles et n'avait, dans son énonciation, aucune légitimité. « Faire la morale » provoque l'agacement. Devenue le repoussoir de tous nos propos, l'expression jette un discrédit péremptoire. Elle est pourtant injustement méprisée. Sans doute refuse-t-on que la morale passe par le discours de l'autre ; on retrouve là l'archaïque et toujours moderne exigence de l'exemple, associée au refus du censeur. On refuse les donneurs de leçons parce qu'on soupçonne leurs comportements. Selon un processus très classique, l'intolérance à la morale s'est accrue au fil de ses abandons. Dès qu'une vertu s'argumente ou qu'un vice se dénonce, on crie au « moralisme » et l'interjection suffit : la parole est immédiatement dévaluée sans autre forme de procès, tant il est vrai qu'aucun avocat n'est plus commis d'office.

L'association du sexe et de l'hypocrisie acheva de miner la morale. Cette association, dont la critique culmina dans les années soixante-dix, perdure malheureusement jusque dans les commentaires niais qui qualifient une génération terrorisée par le sida de « génération morale ». L'attachement pathologique aux choses sexuelles pose en principe ce qui est conséquence subalterne, contaminant par là ce qui est réellement principe. La morale s'est réduite en préceptes. La terreur fut son stimulus quotidien : la syphilis jouait autrefois le rôle que certains tentent de faire tenir aujourd'hui au sida. On préfère menacer d'une déchéance plutôt que de solliciter une conscience. A défendre de mauvaises causes, la morale s'est offerte aux bourreaux. Parallèlement l'Eglise reculait sur tous les fronts, sauf précisément le front sexuel. L'encyclique *Humanae vitae*, à la fin des années soixante, avait achevé de confondre la continence et le bien, la régulation et le mal. Ainsi crut-on que la morale mourait d'une vilaine mort, assassinée par les mœurs elles-mêmes. Ayant donné à tous les verges pour se faire supplicier, elle a subi son triste sort dans des paroles multiples.

Attention au discours et à son efficace trop souvent négligée ! Il joue effectivement un rôle considérable dans ces processus car il dit ou tait les repères dont nous avons besoin. Pendant des décennies, qualifier un discours de « moral » est devenu une accusation, comme « humaniste » l'était sous le stalinisme. Nous avons ainsi nié des évidences : par exemple, le discours politique, même le plus généreux, a été « politisé » à outrance, réduit à une dialectique trompeuse. On refusait d'y voir et d'y dire quelque valeur morale que ce soit, tant au cœur des principes que dans leur mise en œuvre. Nous avons ainsi « fait le vide » et soutenu l'insoutenable, dans l'aveuglement de valeurs ténébreuses. Armés d'un nouveau sectarisme, nous n'avons pas vu le monde changer sous l'effet de nos veto. Nos droits, déconnectés de leur dimension morale essentielle, sont devenus abstraits, au point que d'autres nations, horrifiées par notre vacuité morale, ont préféré se jeter dans le fanatisme pour trouver un sens igné, devenu interdit sous nos climats tempérés.

Au lieu de la morale, on nous a enseigné les droits de l'homme, et nous avons cru qu'il suffisait d'aimer le général. Sans insertion dans une polémique politique, une valeur devenait indécente, et nous aimons la polémique car nous n'avons plus de vraies guerres à domicile. Ainsi fustige-t-on aujourd'hui de toutes parts le racisme comme conduite sociale, visible, ostentatoire, politiquement répréhensible. La chasse est ouverte : chacun est à l'affût d'un mauvais jeu de mots — « Durafour crématoire » —, d'une dénégation historique — les chambres à gaz — ou d'une outrance verbale — l'odeur des immigrés.

Ainsi la moralité s'est-elle éloignée de notre horizon, curieusement obérée par les droits d'un homme abstrait et surtout lointain : noir en Afrique du Sud, kurde en Irak, féminin en Perse. Il nous faut des lapidations pour susciter l'indignation, la prostitution enfantine pour la réprobation, la peine de mort pour l'humanisme et les handicaps pour l'émotion-téléthon. L'homme est devenu une généralité vague, il n'est plus ni autrui ni le prochain. S'est évanoui l'homme, sujet pensant, au seuil de l'action ; s'est éloigné l'homme, comme je suis, où je suis, objet de mes paroles et victime de mes actes. Il n'est plus l'homme qui se conduit, ici et maintenant. Or, dans la vie quotidienne, mon comportement ne peut être orienté toujours par les grands préceptes des droits de l'homme ou de l'antiracisme. Je suis sans cesse confronté à l'autre, à celui que je croise, à qui je parle, que je commande ou à qui j'obéis. A détacher l'antiracisme de toute une série de conduites régies par des préceptes simples, on en fait un cas d'exception. Il devrait être déduit de principes plus forts, telles la générosité, la politesse, la charité, etc. J'ai la conviction que l'antiracisme et les droits de l'homme, depuis toujours, enveloppent une essence morale. Mais le mot, désuet, a fait horreur ; aussi une génération entière a-t-elle refusé de penser comme moral le principe même qui animait ses discours.

L'école a la plupart du temps renoncé : sa résignation dépasse les effets d'une philosophie devenue confidentielle. Depuis vingt ans, personne n'ose plus y dire le nom d'une morale sans cesse dépréciée. Les politiques les plus convaincus par la nécessité d'un discours ont reculé devant le mot, par crainte des agressions les plus diverses. Ils lui ont préféré celui de « civisme » pour ses allures plus politiques. « Education civique », titrent les programmes élaborés par Chevènement en 1985. Mais, par leur contenu qui esquissait un retour aux valeurs, ils ont encore suscité ces dernières années l'animosité de maints enseignants toujours prêts à fustiger, dans la dérision et la joie collective, le moralisme fugace et l'éventuel dérapage des contenus à venir. D'accord pour enseigner l'antiracisme et les droits de l'homme, ils ne se prêteraient pas à un retour sur l'*honnêteté* et la *politesse*.

La politesse a été oubliée, qui, comme son nom l'indique, s'applique à tous les hommes de la cité, pour tous les hommes de la cité, entre hommes. Elle fait partie de ces valeurs essentielles qu'il faut ne plus prononcer. Comme la morale, elle a été victime d'un véritable terrorisme verbal. Pourtant il est plus facile d'enseigner les règles pratiques que les droits génériques de l'homme. La politesse comme droit au respect de cet homme, en face de moi, a fait sourire, car nous sommes devenus incapables d'investir du sens dans des actes dont on a retenu la seule convention, souvent ravalée au port de la cravate. Elle est cependant beaucoup plus qu'un simple comportement social.

La plupart du temps, des déviations conventionnelles et rituelles ont dégradé et discrédité des vertus essentielles aux hommes. Au nom d'une critique révolutionnaire du conformisme, on a perdu le sens de ces vertus, jetant une fois de plus le bébé avec l'eau sale. On craint comme pestiférées toutes valeurs, dites « bourgeoises », c'est-à-dire censées protéger l'ordre social ; ainsi ne doit-on pas enseigner la honte du vol d'autoradios quand les « affaires » diverses montrent l'immunité des gros bonnets ; la propriété se défend bien toute seule. L'argumentation idéologique refuse toujours l'idée d'une morale qui soit à la fois universelle et individuelle, elle ne tolère que les contenus collectifs.

Il manque à l'école un esprit de résistance. Progressivement elle s'aligne sur les mœurs qu'elle voudrait dénoncer. En condamnant les corruptions protégées et les inégalités immorales, l'école fait son travail. Prenant argument de ces vices pour ne plus dispenser les vertus, elle fuit sa mission et précipite au fond des geôles quelques jeunes qui souffrent et se sentent étayés sur de futiles révoltes. Seul l'apprentissage des valeurs et repères, qui passe par un discours moral, pourrait leur éviter le pire. Le sophisme commun est redoutable : à cause de ce qui n'est pas condamné mais qu'elle condamne, l'école refuse désormais de dire le condamnable qu'elle n'ose plus condamner. Nous vivons là les derniers avatars d'un messianisme très en vogue dans les années soixante-dix : le fou, le voleur, le criminel étaient alors porteurs d'une révolte *intéressante*. Or les barreaux de Fresnes ou de la Santé, le quadrillage des nouvelles « classes dangereuses » provoquent des émeutes, jamais des révolutions. La peur fortifie l'ordre et la haine se focalise sur la couleur des peaux. Les équipées de voitures volées ou le vandalisme désespéré disent la fuite en avant, sans espoir de retour. En condamnant des injustices, en fustigeant l'immoralité des puissants, on ne peut ni ne doit entraîner avec soi et dans le même sens des jeunes désorientés. La force de la morale réside dans le discrédit qui frappe effectivement l'immoral ; elle s'exténue quand on le mime pauvrement. Il est inévitable mais on peut éviter qu'il ne se généralise. En s'alignant sur le vice, on ne rend pas vertueux. L'école a baissé les bras, son discours moral s'est éteint. Elle est pourtant le ressort essentiel des temps à venir. Elle lâche prise, par peur de n'avoir plus de prises sur les jeunes. Certes, elle n'a pas à étouffer les révoltes dans le cœur des hommes, mais elle peut au moins les rendre vertueuses.

Curieusement, les enseignants ont voulu réagir moralement, sans oser le dire, c'est-à-dire sans reprendre le mot. Ils n'ont plus supporté l'*hypocrisie* de cette morale mal soutenue. La critique de l'hypocrisie a monté durant tout le XXe siècle : née au XIXe, quand le discours moral des classes dirigeantes s'accommodait très bien du travail des enfants et de l'exploitation des ouvriers, que signifie-t-elle ? Avant tout la réaction morale devant la contradiction entre les paroles et les actes. Plutôt que de rejeter la morale en bloc, sans doute aurait-il mieux valu la prendre au mot, la prendre à tous ses mots, sauf ceux du sexe et de l'ordre, qui suintaient la même hypocrisie. Mais cette réaction vertueuse s'est retournée en son contraire pour déboucher sur le vide.

La banalisation de la tricherie est une conséquence

de ce vide récent : elle est aujourd'hui constatée par tous les enseignants, mais ils hésitent à la réprimer car il faudrait formuler une morale dont ils avouent le dédain. A vouloir toujours expliquer les actes on en vient à les justifier tant l'explication est réappropriée par ceux qui agissent mal. La perte de la morale passe le plus souvent par la négation d'une responsabilité individuelle : ce n'est pas leur faute, c'est le système qui est comme ça et les pousse à la compétition. Ils en sont victimes. Tout ouïe devant ces discours, l'élève trichera encore un peu plus la prochaine fois. L'explication n'est pas une justification, sauf négation de toute liberté humaine : les plaidoiries de prétoire ne sont pas un propos pédagogique.

Plus généralement, la disparition du discours moral a jeté les hommes dans l'irresponsabilité que consacre une sociologie statistique mal comprise : la probabilité n'est pas une fatalité et l'individu n'est jamais sans ressorts face aux lois stochastiques. A nier cette évidence de la responsabilité individuelle, on accroît les probabilités de l'irresponsabilité.

J'ai éprouvé très fortement le sentiment de vacuité morale en observant une classe, au Théâtre de Chaillot, un mardi soir de 1990. Quelques enseignants zélés ont amené leurs élèves. De bonnes familles, d'un bon lycée. Au programme, *Mille francs de récompense*, pièce méconnue de Victor Hugo. Du beau mélodrame, entre *Sans famille* et *Les Deux Orphelines*. Je rage de me trouver une fois de plus au sein d'un groupe scolaire mal encadré. Les plaisanteries fusent, les regards adultes se font sombres. Les premiers mélos de l'accordéon croissent au rythme de l'obscurcissement. La scène est d'évidence : nous sommes chez les pauvres ; l'huissier achève de saisir les souvenirs de famille et le grand-père se meurt sans qu'on puisse lui cacher l'infamie. Un voleur innocent et repenti, bon garçon, mais en fuite, traversc fortuitement le logis déserté de ses objets. Il exhibe son âme charitable. Peu après, au tableau de la misère succède celui de l'opulence, comme la brioche succède à la mine de *Germinal*. Un riche banquier, fardé mais pitoyable de n'avoir jamais retrouvé sa fille, se plaint d'avoir perdu 4 000 francs. Le voleur fugitif au grand cœur les retrouve et les ramène : il aura les 1 000 francs de récompense. La salle éclate, les élèves se gaussent : quel est cet imbécile ? Ce demeuré mental ? Il rend 4 000 francs pour en récupérer 1 000 en récompense ! Les apartés bruyants se succèdent, tous les noms d'oiseaux pleuvent sur l'honnête homme. Malheureux soient les pauvres d'esprit ! Le geste du malfrat est devenu incompréhensible : l'œuvre de Victor Hugo passe aujourd'hui pour une comédie ! Ces élèves avaient peur de passer pour imbéciles, de n'être pas intelligents. Faut-il choisir entre l'intelligence et la morale pour sauver son image ?

Les enseignants ont du pain sur la planche. Mais tireront-ils les leçons de cette soirée remarquable ? Ils ont peut-être appris, comme moi, comme d'autres, à ne plus jamais donner l'apparence d'une leçon de morale. On va depuis des années en répétant que la morale est chose trop subjective pour être dite en classe. Nous nous sommes tous gaussés sans vergogne des manuels retrouvés au fond des greniers. Les enseignants en font encadrer pages ou couvertures tant les vertus proposées semblent archaïques. L'état présent de notre société porte à plus de prudence. Notre tâche certaine est d'éviter que les jeunes de nos pays ne survivent bientôt dans un cynisme sordide. Le rôle de l'école n'est pas d'adapter les élèves au monde tel qu'il est ou se dégrade, mais d'en faire des ferments du changement. L'intelligence des choses n'est pas séparable des repères qui permettent d'orienter les choix de l'individu. Le silence de l'école laisse totalement libres les mécanismes d'un libéralisme sauvage.

Or il est clair que l'absence de toute éducation morale dans l'enseignement — ce qui nous distingue de nombreux autres pays — produit des hommes déboussolés, ceux-là mêmes qui feront notre future société. Il ne faudra guère s'étonner d'enregistrer progressivement un changement des pratiques. Ces enfants deviennent les hommes dont héritent les entreprises, les affaires ou la science : ne soyons pas surpris de voir, en ces lieux, se développer des pratiques préventives, rapidement bricolées, qu'on appelle des « éthiques ». Elles naissent d'une méfiance nouvelle.

Pendant vingt ans, les producteurs traditionnels de discours d'influence n'ont pas maîtrisé la conséquence de leurs paroles, qui, à force de généralité, s'abstrayaient de tous les actes. Par l'agression et la négation, nous avions, nous-mêmes, une position. Par le silence et la prétérition, nous avons légué le vide, sans références. Certains défilaient pour ailleurs, très loin, et nous appelions « s'engager » ce qui revenait à « dégager » en touche vers les extrêmes, Orient ou Occident. Les slogans exotiques succédaient aux préceptes anciens. Nous pensions qu'il fallait du bruit pour que le monde change. Il fallait, croyait-on, couvrir les murs de bombages émouvants, crier sa solitude, dresser des barricades pour faire trembler la société sur ses bases. Le vide s'est installé en silence, au fil d'élections très légales, à mesure que les jupes rallongeaient et que les cheveux raccourcissaient. Une génération entière a vu le monde lui échapper. Les changements les plus profonds se retournèrent contre elle, sans gaz lacrymogènes, sans luttes féministes, sans films militants, sans CRS pris pour des SS. En défaisant les discours, elle n'a pas fait l'Histoire, mais l'a subie.

Tout fut à la fois sensible et insensible : insensible, car, lorsque « tout fout le camp », il faudrait regarder partout à la fois pour mesurer l'étendue de nos pertes ; sensible, car quelques symptômes médiatiques exhibaient devant nous les changements les plus brutaux. Nous regardions ailleurs, satisfaits de voir des guerres qui n'en finissaient pas se clore ; marris de voir les luttes révolutionnaires s'abîmer systématiquement en tyrannies d'un genre toujours renouvelé ; étonnés de rire un jour de la chute d'un shah pour déplorer le lendemain une nouvelle race de despotes ; le spectacle continuait, toujours recommencé. Pendant ce temps, la gauche se mit à gouverner, en alternance. Et nous, nous commençâmes à sentir un vide étrange.

Il faut d'ailleurs expliquer ce vide, le sonder. L'espace est toujours plein lorsqu'il est quadrillé ; chacun sait dire où il se trouve par rapport à tel ou tel repère, qu'il l'aime, qu'il le haïsse, qu'il cherche à l'abattre ou à l'investir. Jusque dans les années quatre-vingt, tous avaient des ennemis déclarés : pêle-mêle, les communistes, les bourgeois, les patrons, les gauchistes, les immigrés, selon les cas. Mais la haine se nourrit toujours de quelque amour. On aimait ou haïssait *au nom de causes*, davantage prêts à mourir pour des idées que pour des actes. Or, depuis quelque temps, les ennemis sont devenus impuissants et les amis se sont disqualifiés. Plus encore que les hommes, les choses elles-mêmes se sont retournées contre nous : la recherche scientifique joue avec le feu sur les gènes et laisse le sida menacer la planète ; les entreprises autrefois vilipendées triomphent au beau milieu d'un cortège de valeurs ; les politiques, de gauche ou de droite, se jouent de la justice et de leurs causes ; les héros du jour sont les ennemis de la veille et inversement. Face à tout cela, nous n'avons plus rien eu à dire, puisque les discours avaient disparu, dans le naufrage de la morale et dans la catastrophe des causes pour lesquelles nous avions défilé. Les militants reconvertis ont abandonné tous repères, comme le confirme cette surprenante conviction d'un leader maoïste devenu patron d'une entreprise de vidéotextes : « En tant que militants, nous vendions des idées dans lesquelles nous croyions. Aujourd'hui, je vends des produits dans lesquels je crois, j'applique la même éthique » (Bernard Liscia). Au passage, une morale s'est sans doute égarée....

La question implicitement posée renvoie à nos responsabilités : le retournement des choses et des êtres nous est-il en partie dû ? Nous le pensons plus ou moins confusément. Nous aimions les repères imposés parce que nous pouvions en même temps haïr. Et nous souffrons maintenant d'avoir laissé se détruire ce que nous détestions comme ce que nous aimions. Or que voyons-nous alentour ? Le vide s'emplit du religieux fanatique. Et nous, nous ne savons que faire, nous n'avons rien à opposer à cette force capable de soulever les montagnes et quelquefois nos banlieues.

Pour s'en convaincre, il suffit de suivre le gigantesque tournis qui caractérise notre temps. Plus de vingt ans après le grand chambardement international de 1968, dix ans après l'arrivée au pouvoir de la gauche, deux ans avant le grand marché européen, nous avons un besoin vital de repères, mais la disparition du discours moral inhibe toutes les formulations possibles. Nos comportements sont désorientés : l'entreprise revalorisée n'est plus lieu de choix simplistes ; la gauche n'est plus socialiste ; les modèles ou repoussoirs de l'Est ont perdu toute efficace ; les informations qui nous assaillent passent du vrai au faux sans transitions ; des affaires multiples et troubles souillent les derniers acteurs en qui l'on se fiait auparavant ; tous les projets de société sont devenus dérisoires au regard des contraintes qui les entravent ou des comportements qui les contredisent.

En ces temps d'opacité, des questions élémentaires remontent à la surface : qu'allons-nous faire de nos vies ? Que pouvons-nous proposer de stable aux jeunes qui fluctuent ? Qui croire et en qui croire dans cette incertitude ? Le scepticisme est intenable dans la durée. On fait partout l'éloge ou le rappel de la *responsabilité*, mais personne ne sait plus devant qui ni au nom de quoi *répondre* de ses actes. Il faut désormais reprendre une interrogation qui, depuis l'Antiquité, se dénomme « morale ». Car pour répondre, il faut une question préalable. La question du bien et du mal envahira cette fin de siècle. Nous avions cru y échapper par mille engagements plus cosmiques ou par l'idée générale des droits de l'homme. Elle sera désormais autant individuelle que collective. Nous la choisissons peu, elle s'impose, inévitable. Le paradoxe ne saurait durer : la distinction entre le bien et le mal, ou, de façon plus restrictive, entre *un* bien et *un* mal, est une nécessité sociale, voire existentielle.

La disparition du discours moral doit nous servir de leçon. La morale est morte du ridicule qui l'a tuée et de notre inconscience. Nous ne pourrons plus faire dans l'archaïque nostalgie. Le sexe, la classe sociale, le grand écart entre la candeur impérative et l'hypocrisie des actes sont désormais proscrits. Nous avons à rechercher d'autres fondations.

Oui, nous sommes démoralisés car nous avons besoin de croire en quelque chose, en quelques vérités : nous désirons que la pulsion effrénée soit arrêtée, orientée, balisée par ce que nous appellerons, génériquement, le devoir. Le désir de morale dérive d'une double exigence : il nous faut des *repères* et de la *spiritualité*. Et l'on doit se débattre avec des mots — « morale », « spiritualité » — qui nous embrouillent et nous brûlent la langue tant nous refusions même d'en discuter, tant nous en avons perdu l'habitude. Nous hésitons encore, par peur des coups, des réactions, des polémiques.

Les déceptions ne sauraient cependant nous réduire au silence, dans une humilité nouvelle qui sacraliserait un marché triomphant. On n'échange pas l'espoir contre le pragmatisme. Nos repères ne peuvent seulement s'imposer comme limitations de fait, restrictions de notre puissance ou conscience de notre finitude. Nous resterions dans l'ordre du physique et du factuel. Il leur convient d'être de nature spirituelle. Les lois du marché, le jeu de la concurrence, l'offre et la demande sont des impératifs reclus dans l'immanence. Le triomphe de l'économie libérale n'est pas de nature morale ; il n'est sanctifié que par la performance des uns et la catastrophe des autres. Il ne sanctionne que l'impossibilité où nous sommes de maîtriser absolument tout notre destin. Nous savons désormais que notre prise sur les choses est nécessairement limitée. Les vérités recherchées peuvent être élémentaires, simples, à la portée de tous ; elles doivent être concrètes, inscrites dans les pratiques individuelles. Les utopies sont mortes qui, toutes, voyaient dans le collectif la réalisation historique d'un idéal dont nous refusions qu'il fût dit « moral » pour en nier l'utopie. Le cours du monde échappe au discours du désir : face au danger du conformisme et à l'abattement paresseux, il nous reste un devoir de responsabilité.

Nous pouvons maintenant le dire sans vergogne et sans illusions : les solutions ne seront pas locales, elles en appelleront à la conscience intime de tous ; non pas de tous les citoyens, mais de tous les hommes que nous sommes. Les solutions locales que nous ânonnons sont éphémères et particulières ; on les nomme « éthiques ». Elles sont encore trop intellectuelles pour nous prendre et nous animer. La valse des éthiques est le pas cadencé d'un monde sans âme où se succèdent, dans l'espace, des comportements de survie locale. Cette lucidité ne conduit pas au pessimisme : les périodes de mutation profonde font mourir et naître des idées et des choses.

Il nous faudra renverser les orgueilleux projets en changeant d'ambitions. A l'ère de la déconstruction succède un profond travail de reconstruction. Nous ne pouvons faire l'économie du discours : il porte la présence ou l'absence des repères nécessaires, et développe ses effets dans les deux cas.

Pour être honnête, trois exceptions récentes apparaissent qui laissent espérer un retournement de la philosophie sur l'objet moral. Emmanuel Levinas, dont la pensée resta longtemps confidentielle et la richesse inexploitée : sa publicité très récente est une chance à saisir ; André Comte-Sponville, dans des textes épars, au fil de l'actualité, mais clairs et pertinents ; Michel Serres, dont la fulgurance devrait déboucher sur une somme morale. Leur abandon commun d'une marginalité distinguée est un heureux présage. Il laisse penser que, bientôt, on relira Jankélévitch, injustement oublié dans l'enseignement secondaire.

Les idées mènent en partie le monde. Elles nous ont fait défaut en ces temps de démoralisation. Tout discours est virtuellement un jugement. Si le jugement est aboli, si l'évaluation des actes est annulée, il ne faut pas s'étonner de voir la morale abandonner les pratiques elles-mêmes.

Les pratiques sociales et individuelles

Toute action implique un choix et tout choix exige des références : la pratique courante des hommes suit donc à la trace leurs discours dominants. Ils agissent en des lieux multiples, plus ou moins spectaculaires, sur la scène ou en coulisse. Les événements créent les chocs mais le quotidien inquiète davantage. En divers endroits existaient des repères pour l'action, appelés « normes » ou « valeurs ». Or ces théâtres d'opérations que sont l'entreprise, la politique, la justice, les affaires, la science, sont sens dessus dessous.

Nos consciences avaient pourtant des idées claires et des pierres d'achoppement : elles sont devenues confuses avec la disparition des discours qui les soutenaient. La baisse du sentiment religieux accroît encore les effets de cette disparition, mais l'argumentation morale a toujours eu cette conviction : même si Dieu n'existe pas, tout n'est pas permis. On ne peut donc tout expliquer par le défaut d'un au-delà.

Le fétichisme de l'argent est également une explication trop courte. La France et les Français sont singulièrement concernés par Mammon, car notre pays a toujours entretenu des relations complexes avec l'argent. L'exemple est générique : l'argent n'est pas un discours, mais une réalité. Quand les discours cessent, seule la réalité demeure. Il est faux d'accuser l'argent corrupteur ; en cela, nous voulons nous défausser de toute responsabilité. La génération qui a évacué la morale découvre naïvement les effets de ses paroles. Nous payons le prix de notre insouciance.

L'argent, dit-on souvent, a cessé d'être sale dans notre pays ; on s'en est félicité. S'il n'est plus diabolisé, il est maintenant diabolique. Nous vivons un déséquilibre fantastique, mais l'argent n'est pas devenu fou par un tour de magie ou un coup de force politique. Il serait insensé d'accuser les socialistes par un procès d'intention expéditif. Le mouvement des valeurs leur a en partie échappé. Le problème actuel ne porte pas sur le statut de l'argent conçu comme récompense, mérite ou symptôme de salut. Il porte sur la coïncidence de l'argent reconnu et de la disparition des valeurs. Les assauts contre la morale venaient de gauche, voire d'extrême gauche, c'est-à-dire des lieux de mépris pour l'amas pécuniaire. Dans le vide ainsi créé — et naïvement creusé —, l'argent s'est retrouvé tout seul. Son essence est d'avoir valeur et prix. Au royaume des aveugles, l'argent borgne est devenu roi. Il est bien difficile d'en accuser la gauche ou la droite.

Souvenons-nous-en avec précision : la critique de l'argent semblait à beaucoup de récupérateurs habiles relever elle-même d'un discours moralisateur ; aucun dirigeant n'osait afficher son salaire ou ses revenus, dans un mouvement de pudeur tactique. Le discrédit de la morale a fait le reste : la critique des inégalités est beaucoup plus morale que sociale ou politique.

Faute de le reconnaître ou d'employer les mots adéquats, les inégalités se sont accrues, insensiblement. La digue la plus sûre s'effondrait. On ne combattra pas l'argent-roi et ses corruptions multiples sans références ni repères. Ce combat n'est plus politique, il faut le qualifier de moral. Tant que nos discours s'y refuseront, tant qu'on ne bataillera pas valeur contre valeur, tant que la reconnaissance sociale souffrira d'un vide moral désespérant, l'argent régnera en maître. Nous n'avons pas besoin de déconsidérer l'argent ; nous ne le pouvons guère qu'en le confrontant à tout ce que nous sommes capables de lui opposer comme valeurs supérieures.

Résultat d'un déficit moral, l'argent-roi est un boomerang cruel qui revient par exemple sur nos enseignants, dont le statut professionnel s'est dévalué — subjectivement dans leurs consciences et objectivement dans leur statut social — avec la perte des repères et l'avènement des Rastignac. Autre exemple singulier de cette perte des normes face à l'argent, signe unique de reconnaissance : dans une déclaration récente, le président d'une entreprise nationale, beaucoup moins rémunéré que d'autres patrons du privé, déplorait les contraintes imposées par l'Etat. Pour les compenser, il avouait sans honte utiliser la carte de crédit de la société pour se fournir en vêtements et objets divers. Deux symptômes inquiétants : qu'il puisse le faire, d'abord ; qu'il puisse le dire, ensuite. Un homme de son intelligence reconnaît par là même que tous ses repères s'en sont allés. A proprement parler, d'ailleurs, l'argent n'est pas une valeur. Il n'est qu'un substrat économique auquel on donne un prix, il exprime le vide de façon sonnante, trébuchante et tragique. C'est pourquoi, comme Descartes, nous recherchons désormais le point où Archimède croyait pouvoir accrocher le monde : tant que nous ne le trouverons pas, il sera ballotté par les seules fluctuations monétaires.

Mais l'argent n'est qu'un exemple, le plus voyant, de la vacuité morale dans laquelle nous nous sommes installés. Le douloureux inventaire d'où surgit aujourd'hui notre désir de morale produit un vide qui demande à être occupé. Ce n'est point une conviction personnelle mais plutôt un constat : ce dénombrement n'est pénible qu'à l'aune de valeurs implicites.

La corruption du politique, entamée dans la brigue, semble ne plus épargner aucun parti ; l'Etat offre aux citoyens l'exemple d'une parole sans cesse remise en cause ; le monde des affaires connaît ses initiés, ses yuppies et le dérèglement qu'il entretient du politique, tantôt actif, tantôt passif ; l'entreprise fabrique des mercenaires ; la compétition ravale les scrupules au rang d'un angélisme dérisoire ; la recherche scientifique flirte avec l'eugénisme ; la transfusion de sang défie tous les tabous et conduit à la mort des centaines d'hommes ; et dans cette tourmente générale les hauts fonctionnaires oublient ou fuient le service de l'Etat.

Désagrégation morale du politique

La sphère politique est la plus voyante, et son spectacle le plus édifiant tant il cautionne par l'Etat souverain les dérélictions individuelles. Les distinctions étaient claires et d'une certaine richesse. Il ne reste plus qu'un pauvre repère, repoussoir, qui s'appelle Le Pen et dit assez notre faiblesse du moment : les hommes de gauche s'égosillent dès qu'il apparaît tandis qu'ils se taisent quand un des leurs « saute des négresses » à l'occasion de missions officielles, détourne l'argent public ou renfloue frauduleusement les caisses du parti ou les siennes propres. J'aime à penser qu'il s'agit plus d'inattention que d'hypocrisie. Mais on s'indigne à contretemps : entre le Carpentras des sépultures et la prolifération des affaires de vivants, le spectre des atrocités nazies d'hier ne couvre plus le bruit des scandales d'aujourd'hui.

L'alternance achève de nous démoraliser. Les journaux du soir s'ouvrent sur des trafics d'influence, des maires corrompus, et la concussion semble la chose du monde la mieux partagée. Il ne s'agit pas d'accuser la gauche pour se disculper, mais de dire une déception générale. Nous étions nombreux à penser, sans le dire, que les grandes distinctions étaient d'ordre moral. Certes, nous aurions été bien en peine s'il eût fallu préciser le bien et le mal. Mais nous croyions en cette vertu, censée depuis les utopistes – Marx y compris – animer quelques hommes au nom d'idéaux qui prenaient la société, voire le monde, comme champ d'application et comme paradigmes. Les slogans s'étaient adaptés, toujours plus près de la morale passée sous silence : « Changer la vie », disait-on avec sincérité.

Chacun craignait l'incompétence technique. Que l'économie résistât fut une demi-surprise. On aurait pu être fier de résister aussi à l'économie, annoncée comme cimetière des idées. Mais nous savons aujourd'hui que ce sont les hommes qui, avant tout, nous ont déçus, faute de morale. Le pouvoir finalement, est le même, partout. Nous sommes très loin d'une immoralité machiavélienne qui semble héroïque au regard des détournements minables et des maroquins mesquins. Un homme de gauche est aussi accroché à son titre de ministre d'Etat qu'un homme de droite ou du centre. Il pratique aussi bien, sinon mieux, le népotisme, le piston, la protection. Il joue aussi égoïstement des deniers de l'Etat, pour son parti ou, pis, pour lui-même. De congrès en ministère, la distinction morale s'en est allée, comme certaine naïveté de ceux qui la croyaient discriminante.

Car il n'est pas seulement question d'argent. Je ne crois pas que le problème du financement des partis politiques soit crucial. Il n'a fait que précipiter des tendances plus graves. Il suffit de considérer le fonctionnement interne d'un parti comme le Parti socialiste, qui n'est pas le moins démocratique sur la scène politique : toutes les élections, tous les congrès sont l'occasion de manœuvres plus ou moins sourdes pour truquer les processus de décision et de délégation. L'affaire des mandats n'est pas spécifiquement marseillaise. C'est un cycle infernal : le jour des votes, tout le parti tourne au régime corse, selon la caricature ; les anciens devenus invisibles et les salariés de dirigeants de PME votent en chœur, les cartes et les timbres mensuels virevoltent allégrement. Dès lors, il est très difficile de ne pas entrer dans ce jeu, sous peine de ne plus exister dans le parti. « Les autres font pareil » : tel est l'argument qui sera retenu dans tous les détournements. Beaucoup de nouveaux adhérents, dans leur ingénuité, fuient ces pratiques courantes des tendances. Ne restent ensemble que les plus rompus, ont parfaitement intégré ces mécanismes. La démocratie dans le Parti socialiste, c'est le contrôle qu'exerce chaque courant sur les autres, ce n'est pas l'exercice d'un suffrage juste. Ce sont ces mécanismes anciens, dans l'opposition, qui entraînent aux pratiques malheureusement constatées dans l'exercice du pouvoir. Le sens de l'Etat ayant en partie disparu, il n'est plus un frein suffisant pour modérer les appétits acérés par des années de frustration. Nombreux sont les militants qui ont été depuis dix ans accusés d'angélisme et de naïveté pour s'être opposés au financement de la femme d'un ministre ou aux détournements au profit d'un courant.

On peut vivre cela de l'intérieur, dans le découragement. De l'extérieur, la politique pâtit progressivement de toutes les révélations successives. Au mieux, la gauche met en selle Le Pen mais garde quelque force pour dénoncer une caricature ; au pis, elle le stimule pour garder le pouvoir par-delà le bien et le mal. Mais voilà, quand les hommes votent, ils croient. Le mouvement est entamé ; ils voteront de moins en moins s'il n'est quelque respect. Il faudra peut-être nommer « suffrage exprimé » l'abstention même. L'incivisme devient, pauvrement, un réflexe moral. « Tous les mêmes », entend-on.

Mais en deçà des affaires spectaculaires, la moralité s'est aussi sensiblement dégradée de façon rampante sous l'effet des lois de décentralisation. Sans doute le législateur ne maîtrisait-il pas tout à fait les effets d'un processus démocratique. Dans la plupart des grandes entreprises, les personnes qui disposent d'un pouvoir économique sont contrôlées avec précision par des corps d'inspection ou l'examen du train de vie. Mais dans les collectivités locales, les lois de décentralisation ont soudainement donné des pouvoirs à des agents sans mettre en place aucun mécanisme de ce type. Une entreprise qui gagne mille en décrochant un contrat est évidemment prête à donner vingt ou trente pour l'obtenir. Certes, des règles sont édictées chez les fournisseurs, mais elles visent plus à se prévenir de poursuites éventuelles qu'à respecter une morale quelconque. On utilise par exemple des entreprises intermédiaires dont on sait qu'elles verseront une commission, mais cela ne se voit guère dans la comptabilité du fournisseur. L'hypocrisie est forcée par les nouvelles conditions de passation des marchés. Le résultat est très inquiétant : la France se transforme en république bananière. D'un côté, les agents des collectivités locales découvrent une source d'enrichissement facile qu'ils ignoraient ; d'un autre, les fournisseurs sont contaminés par ces comportements autrefois inconnus. Quatre secteurs au moins sont largement concernés par cette dégradation : les hypermarchés, l'immobilier, les concessions et les travaux publics. La contagion est fulgurante : pour corrompre discrètement, il faut des caisses noires pleines de liquidités ; une entreprise ne peut y parvenir qu'au prix de dissimulations multiples ; l'argent circule, dont chacun connaît l'odeur ; chaque acteur, chaque intermédiaire sait qu'il est détourné, vil et caché ; il est à son tour tenté d'y puiser. Se constitue alors la grande chaîne des petits maraudeurs. Induits en tentation, rien ne peut les retenir, car le monde des affaires et le monde politique deviennent interlopes. Les quelques résidus de morale sont dissous dans cet affairisme d'un nouveau genre : on comprend alors que l'on rêve d'instaurer une « éthique des affaires ».

L'intervention ponctuelle des médias sur des coups particuliers produit des effets ambigus. D'une part, la dénonciation publique peut effectivement faire peur et montrer du doigt des pratiques soupçonnables en tous lieux. Mais la France ne recourt pas aux sanctions exemplaires comme cela se passe aux Etats-Unis : les déboires de Boeski, de Milken ou, dans un autre domaine, de Nixon réaffirment une vertu essentielle dans la mesure où la loi semble être appliquée de façon vertueuse. On doit d'ailleurs reconnaître que l'éthique des affaires est depuis plus longtemps — une trentaine d'années — enseignée de façon courante outre-Atlantique. Mais d'autre part, la publicité des comportements qui défient toute morale tend à justifier toujours les petits larcins anodins. Les enseignants y trouvent quelque raison de retenue et les délinquants de tout poil fulminent contre l'injustice qui les condamne tandis que se pavanent des cols blancs plus prestigieux. Enfin, les médias divers marquent des points dans la dénonciation agressive des politiques sans scrupules, en s'appuyant sur une indignation morale du citoyen. Mais l'instance d'évaluation reste implicite : nous n'avons que démarche critique et négative quand nous avons besoin d'une morale affirmative.

Les politiques ont beau jeu d'ameuter les démocrates en craignant que la république ne souffre d'un antiparlementarisme naïf et d'un incivisme rampant. On attend toujours le ménage qu'ils devraient faire chez eux. Autant les journalistes font feu de tout bois, autant les politiques choisissent chacun leur cible. On ne dénonce l'immoralité d'un homme corrompu qu'avec des objectifs partisans. Jamais, depuis dix ans, nous n'avons entendu un parti réprouver publiquement les manquements de l'un des siens : le RPR soutient Médecin, comme le PS a sauvé Nucci. Nous savons dorénavant que chaque parti est inapte à opérer moralement, mais seulement capable d'agir politiquement. Dans les années qui viennent, les politiques de tous bords porteront la responsabilité morale de la distance que les citoyens auront prise vis-à-vis de la sphère de l'Etat.

On dira qu'un discours moral envahit progressivement la sphère politique et l'émeut. Le cas Villiers exprime un sentiment général qui outrepasse l'antiparlementarisme classique. Avant la guerre, le Front populaire avait eu trop peu de temps pour tuer les illusions morales et démoraliser les Français. Il n'en reste que des images positives, sans aucune teinte de cynisme, au contraire des temps présents de la gauche au pouvoir. Philippe de Villiers, en appelant aux valeurs fondamentales, dit des choses simples qui portent. Mais en plaçant ses interventions dans un cadre partisan, il s'empêche, à tort, d'être œcuménique. Tout prosélytisme moral qui commence par la polémique politique est un acte de guerre, quand nous avons besoin de paix. Les scandales, concussions et intrigues n'ont guère manqué sous la droite ; on ne les oublie que sous l'effet massif des informations du jour, à la mesure de notre désillusion. Sans doute l'emprise croissante de la communication a-t-elle des effets déformants pour amplifier le présent et opacifier le passé. La morale ne sera la clef des politiques à venir que si on parvient à l'énoncer au-dessus de la mêlée.

Les programmes piégés à l'idéologie ne sont plus porteurs d'espoir, qu'ils soient communs ou partisans. La nouvelle exigence démocratique sera plus modeste : les hommes voudront voir des hommes. Déjà, un homme de gauche se sent souvent plus proche de Stasi ou de Barrot que de Boucheron ou de Nucci. Ce mouvement peut s'étayer sur la critique concomitante des grands projets de société, dont chacun revient. Aucune société n'a en fait jamais pensé un projet qui l'organise sans donner dans le totalitarisme. Celles qui l'ont prétendu s'effondrent sous nos yeux. Tout projet de société apparaît au fil du temps comme le projet d'une petite partie de la société qui tente une gigantesque OPA « démocratique » sur l'autre, plus importante, tout en feignant d'être élue pour ça. Notre traduction actuelle est plus limitée que la charge sonnée par les théories de F.A. von Hayek, voire par les derniers textes de Gorbatchev, dans leur forte critique des sociétés prétendument organisables par décret. Nous intéressent aujourd'hui les hommes qui font la politique : leurs seules idées se révèlent trop souvent des leurres, ou des impostures, et, dans tous les cas, des moyens et jamais des fins. Une série de valeurs morales dites ou non dites ne peut plus être un projet social : toutes les utopies sombrent dans le totalitarisme et l'accaparement du pouvoir. Les « grands desseins » font aujourd'hui sourire. On en voudra de petits, à hauteur d'homme ! La politique sera confrontée à un nouveau défi, de nature morale. Les contraintes sont aujourd'hui plus claires. Ce sont des ballerines trop étroites qui font inventer un nouveau pas de danse, écrivait Paul Valéry.

Progressivement on ne dira plus « c'est un homme de gauche » ou « c'est un homme de droite », mais « c'est un type bien », c'est-à-dire un homme qui choisit le bien. La rumeur s'amplifie. Car au fond de nous-mêmes, profondément celé à l'abri des anathèmes, nous avons gardé cette conviction. Elle me rend optimiste. La vraie morale se moque de la morale, comme la nouvelle raillera l'ancienne et ses adhérences archaïques.

De l'exemple politique, on déduira deux conclusions. La première, patente, c'est que les hommes de ce milieu donnent souvent un mauvais exemple, quel que soit leur bord. A ce titre, ils fournissent bien des alibis aux comportements individuels, puisqu'ils sont la « représentation nationale ». Mais en même temps, le rejet qu'ils provoquent est d'apparence morale. Il reste ambigu car déjà les communicateurs suggèrent à de nouveaux tartufes d'intégrer dans la « gestion de leur image » cette dimension morale qu'on envie à Michel Rocard. L'avenir montrera probablement, comme les sondages passés, que ce dernier puise dans sa vérité morale reconnue — le thème du « parler vrai » — une force qui ne le perd que dans quelque péripétie.

Le monde affairiste des affaires

Jamais les affaires n'ont été autant parasitées par leur homonymie scandaleuse : le dérèglement général renforce la confusion. Que sont les affaires ? Des énigmes de nature policière, comme la ténébreuse que nous raconte Balzac ? Des scandales financiers ? Des coups bas politiques ? Le monde des affaires n'osera plus bientôt dire son vrai nom tant il s'associe aux turpitudes éparses. On croyait la corruption réservée aux continents sous-développés, et, disons-le, on la voyait s'accroître avec la chaleur du soleil. Des acheteurs aux promoteurs, des grandes surfaces aux raids d'initiés, des yuppies aux golden papies, tout le monde semble embarqué. Mais la barque s'alourdit de jour en jour : dans certains secteurs la morale est devenue une stratégie suicidaire. Les marchés ignorent les dupes et leur passation échappe à tous les contrôles. Toute réussite devient suspecte. On a presque reconnu qu'il ne fallait pas mélanger les genres. L'emploi requiert le commerce des armes, la destruction de la nature et la corruption des hommes. Ce sont les terrains d'entente qui cimentent les relations sociales et rendent archaïques les conflits de classes.

Ainsi la guerre économique a-t-elle ignoré toute convention de Genève. La Croix-Rouge parcourt les champs de bataille pendant que le FMI exige des sacrifices et que l'OCDE vitupère les excès du SMIC. Les bureaux internationaux évitent de voir la souffrance des hommes. Le père Aristide, pour reconstruire Haïti, doit refuser l'aide internationale tant les experts occidentaux s'y engraissent des poissons qui leur font oublier d'enseigner à pêcher. Certes, le marché, par nature, ignore toute morale et s'en défie comme de ce qui le tue. Mais ses mécanismes de régulation sont eux-mêmes contaminés par son immoralité essentielle. Là où les hommes devraient, pour des raisons morales, intervenir pour d'autres hommes, là où ces autres hommes devraient mesurer la générosité publique, les mêmes comportements se répandent : des chômeurs se complaisent dans l'assistance et la générosité s'absente.

La convergence d'actes et de discours qui évacuent toute moralité conduit à ceci : on ne parvient même plus à soutenir avec force une argumentation morale pour justifier de beaux actes. Ce n'est plus pudeur, c'est défaut d'humanité. Ainsi le secrétaire d'Etat aux Handicapés n'ose-t-il pas soutenir son budget dans les colonnes du *Journal du dimanche* sans démonstration économique. Il faut aider les handicapés, dit-il, car c'est un investissement. Il justifie ainsi ses crédits : le grand public a le droit de savoir où passent ses contributions directes et indirectes. L'argumentation n'est solide que si l'aide aux handicapés est rentable. Les Français ne doivent pas oublier qu'ils leur sont redevables du zapping quotidien, la télécommande a été inventée dans le cadre de recherches menées pour les handicapés. Les Français y retrouveront donc leur bénéfice. Le retour d'investissement se substitue à toute argumentation morale. On est abasourdi par ce triomphe de l'intelligence, piètrement installée sur les décombres de toute raison seulement généreuse.

Le monde des affaires ne semble plus être un monde de consciences. Les seules valeurs y sont économiques. On y évoque à juste titre l'incertain comme caractère objectif de l'environnement où se prennent les décisions. Mais l'incertain ne désigne plus tant les difficultés à connaître toutes les données d'un problème ou d'une action à entreprendre. Il exprime surtout la difficulté à s'assurer des comportements d'autrui. Nos aînés l'ont constaté avec le temps qui passe : les mœurs ont effectivement changé. La responsabilité des personnes s'est dégradée dans une dévaluation progressive de la parole dont elles ont à répondre.

De grandes affaires ont mobilisé l'opinion au point que le président de la République a dû lui-même s'en inquiéter, dans sa distance coutumière : raid sur la Société générale, scandale Pechiney, Chapelle Darblay, affaire Boussac, guerre du luxe, pêle-mêle. Dans la plupart des cas, les politiques et les hommes d'affaires ont négocié ensemble le choix de leurs camps, et la justice, impuissante, a rendu les armes. La récente affaire VEV, le groupe textile du Nord, en cessation de paiements, suggère un coup d'arrêt :

depuis quinze ans se reproduisait le même mécanisme de dépeçage au mépris de tous les hommes qui constituaient une collectivité de travail. Un groupe en difficulté déposait son bilan ; les banques, affolées, fuyaient en courant ; l'Etat, désarmé, comptait les chômeurs à venir et laissait un raider s'emparer des dépouilles à très vil prix. La main sur le cœur, notre raider jurait de limiter les licenciements ou de maintenir l'intégrité du groupe. Les politiques tournaient le dos — préoccupés de leurs congrès ou d'autres affaires — et oubliaient aussitôt les engagements du repreneur. L'affaire, délestée de ses poids morts, remontait puis était vendue par appartements. Les mêmes dirigeants parlent du respect des hommes ! Or, dans la récente reprise de VEV, les banques ont accepté de jouer leur rôle et de ne pas laisser ce grand groupe textile pour quelques roubles à des raiders impétueux. Mais il s'en est fallu de peu.

En 1986, Francis Mer avait choqué la presse boursière et l'opinion en déclarant publiquement qu'il n'acceptait pas la spéculation sur les titres Usinor et Sacilor. Il venait de prendre la présidence de ces deux entreprises, anémiées par des années de crise sidérurgique. Il fallait opérer les licenciements nécessaires et faire souffrir quelques hommes par nécessité économique. Il jugeait indigne que des hommes spéculassent sur le soutien inévitable de l'Etat dans un tel secteur. Son coup d'accordéon réduisit le capital et donc toutes les actions à zéro franc. Les actionnaires lésés chicanent encore. Usinor-Sacilor faisait en 1989 neuf milliards de bénéfices, ainsi échappés à la spéculation, car les titres auraient certainement été multipliés d'un fantastique coefficient. Il a fallu beaucoup d'obstination pour que la morale publique soit appliquée.

Mais plus insidieusement encore, comme le souligne Jean-Louis Servan-Schreiber dans son examen du métier de patron, le sens de la parole a déserté le monde des affaires. Or la parole est un enjeu moral essentiel. Malheureusement, l'Etat est la première caution de cette transgression. La IVe République était une période d'instabilité politique, mais les hauts fonctionnaires gouvernaient en assurant la continuité des engagements et de la parole de l'Etat. La Ve République s'est dégradée au fil du temps. Ainsi le journal *les Echos* pouvait-il titrer le 12 juillet 1991 : « Contrat de Plan : l'Etat tiendrait ses engagements ». La nouvelle est d'importance, que voilà une heureuse information ! De modifications rétroactives en régulations budgétaires, d'impôts nouveaux en déductions fiscales annulées, l'Etat légitime les comportements qu'il induit. Les changements de règles du jeu, en cours de jeu, se nomment tricherie, là aussi.

La parole est également attaquée par-derrière, là où la morale ne s'y attendait pas : par le juridisme. Le droit est souvent conçu comme un progrès de nos libertés ; pourtant le juridisme sonne parfois le deuil de notre moralité. On peut faire l'hypothèse que le droit n'est pas innocent dans l'oubli de la morale, et notamment dans les affaires. Les principes théoriques du droit ne sont pas en cause, mais des pratiques quotidiennes se dégradent du fait de son omniprésence. Le droit positif règle les rapports entre les hommes et leur semble souvent suffisant. Les contrats, conventions, clauses multiples ont fait de l'écrit et de la lettre les seuls repères auxquels on se réfère. « Nul n'est censé ignorer la loi. » « Les bonnes clôtures font les bons voisins. » La régulation doit être écrite. Ainsi avons-nous progressivement perdu le sens de la parole. Les choses dites s'envolent et n'engagent plus. La parole donnée n'est jamais que prêtée. Or la morale commence souvent là, avec le crédit qu'on peut lui apporter. Tant qu'un contrat n'est pas signé ou, comme on dit vilainement, « finalisé », plus rien ne tient les hommes. On peut sans doute se féliciter de voir le droit respecté. Mais outre les transgressions possibles, il nous manquera toujours la dimension verbale de la morale, qui lui est essentielle : la vraie morale se moque des tribunaux.

Les affaires se traitent entre les entreprises. Mais la question morale se pose aussi dans l'entreprise. Dans de récentes OPA ou raids, il a semblé que rien ne retenait les protagonistes. Ce fut par exemple le cas des affaires Pechiney, LVMH, Delmas, Société générale. Calomnies, détournements, coups bas, campagnes de presse, opacité des intervenants, détournements de plus-values, implication de dirigeants sérieux qu'on jugeait inattaquables, collusion des cabinets ministériels et des affairistes sur des yachts luxueux. Même le sport n'échappe plus à ces travers : le football est devenu un « milieu » et les caisses noires tiennent lieu de comptes d'épargne. Il n'importe pas ici de juger ou d'innocenter. Plus que les détails de telle ou telle affaire, c'est l'accumulation des informations de ce type aux heures de grande écoute qui engendre le besoin de règles et de valeurs s'imposant à tous. Encore ne s'agit-il que d'événements au caractère suffisamment exceptionnel pour passer la rampe des médias.

Mais les questions morales ne naissent pas des seuls cas soumis à l'instance judiciaire. La plupart des hommes d'expérience qui ont vécu les Trente Glorieuses constatent amèrement les changements de comportement affectant les entreprises et donc les hommes. La formation initiale et la gestion des hommes, notamment des cadres dirigeants, jouent un grand rôle dans cette dégradation. L'entreprise souffre très souvent d'une école absente. Il suffit d'examiner les conditions courantes du recrutement pour en juger. Les vertus élémentaires y font souvent défaut : politesse, respect de l'autre, attitude humaniste. Les plus visibles déviations consistent à évaluer un homme et à se jouer de son avenir en usant de techniques scandaleuses comme l'astrologie, la numérologie ou la morphopsychologie. C'est plus affaire de morale que de déontologie, car l'homme est en question plus que la profession.

L'enrichissement sans cause, ce que François Mitterrand appelle l'« argent facile », scandalise face à quelques millions de chômeurs. Les individus sont de plus en plus atteints par le cynisme de stimulants matériels. La création des stock-options va de pair avec la formation de mercenaires au sein d'écoles de commerce qui prescrivent l'infidélité comme la vertu de toute carrière : « Surtout, remettez-vous sur le marché régulièrement, allez vous former dans telle entreprise et ensuite vendez-vous au meilleur prix. » L'âpreté des compétitions économiques se double d'une mentalité nouvelle à laquelle tentent de résister toutes les entreprises soucieuses de leur âme. L'épreuve, difficile, ne se résout que par des démarches très volontaristes et très concrètes.

Comme il est demandé aux salariés des investissements de plus en plus importants, il est nécessaire que l'entreprise ait un sens. Il n'est plus possible de travailler dans des lieux où les exigences laborieuses s'accroissent tandis que les exigences morales s'exténuent. Dans la débâcle morale, le besoin de repères disparus ou à inventer commence à s'exprimer avec force. Mais il reste diffus, voire mal formulé.

Il convient par ailleurs de distinguer les comportements des individus qui s'enrichissent aux différentes phases de leur vie. A regarder les principales fortunes de la place mondiale, on mesure des différences significatives : ayant pris des arrangements avec le ciel dans leurs débuts, elles ont changé de comportement dès lors qu'elles ont acquis une position institutionnelle. Autrement dit, l'image introduit alors une dimension éthique qui ne relève pas de la conviction mais du calcul.

Les entreprises de l'audiovisuel constituent un cas singulier. Intuitivement, nous savons tous que la morale est d'un ordre qualitatif parce qu'elle exprime une exigence ; si cet ordre est absent, seul le quantitatif sert à évaluer ou justifie les comparaisons sur le mode du constat. Le meilleur exemple de notre société réside dans le devenir de notre fameux PAF. Débarrassé de toute exigence, exonéré de tout repère, il n'est plus régulé que par les rapports économiques. Dans le vide nouvellement créé, l'argent, seul, s'est installé. Sa formulation abstraite, la quantité, ne rencontre plus aucune résistance. Audimat et coûts des investissements publicitaires sont devenus les seuls critères. La qualité n'est plus mesurable, puisque, rebelle aux histogrammes, elle ne renvoie qu'à des valeurs disparues. Nous avions peut-être la meilleure télévision du monde, dit-on parfois. Songeons un instant que « la meilleure » était une détermination qualitative et morale. La télévision est au confluent de l'Etat, de l'économie, de la communication, des affaires et de la politique : il n'est guère étonnant qu'elle cumule en ce moment des tares jamais vues.

La science et la médecine

Quelques affaires récentes jettent également le trouble sur un monde qu'on croyait épargné. Des milliers de Français offrent un peu de leur corps en donnant généreusement leur sang à des associations déclarées d'intérêt public. Ils réalisent quelques années plus tard qu'ils ont contribué à tuer d'autres hommes et que les finalités en étaient devenues lucratives. Le cas du Centre national de transfusion sanguine est particulièrement terrible : il ramasse en un lieu toutes les angoisses et tout le dégoût que peuvent provoquer des actes dénués de toute moralité.

La recherche scientifique elle-même perd parfois la pureté dont on la créditait. On n'ose pas encore dire le rôle que joue l'argent dans ses parties les plus rentables, et la génétique surtout semble échapper de plus en plus au contrôle moral. L'exemple de Jacques Testart est certainement le plus significatif. L'homme est connu pour être le « père » d'Amandine, fruit de la première fécondation *in vitro* effectuée en France. Quelques années plus tard, il doit se retourner contre des collaborateurs immédiats et dire tout haut sa crainte d'un dévoiement essentiel de la recherche qu'il menait. Il suit à la lettre les recommandations du Comité d'éthique : stopper ses travaux ; mais ceux-là mêmes qui l'ont convaincu de s'y soumettre transgressent leurs recommandations et le privent de son statut. Pour les progrès de la science et l'enrichissement des médecins chercheurs, les femmes sont manipulées comme des objets fécondants et on élimine sans scrupule les embryons inutiles implantés dans leur laboratoire-utérus. Les risques sont énormes de nous retrouver au-delà de toute science-fiction, avec l'horreur douce et sans catastrophe bruyante. La concurrence internationale dans la recherche semble pousser les chercheurs à continuer leurs travaux pour ne pas se laisser distancer, au mépris des risques moraux que l'humanité court elle-même. Toute une mythologie fantastique commençait avec le péché originel pour se poursuivre chez Frankenstein et le Docteur Jekyll ; elle est aujourd'hui à nos portes, sous des formes nouvelles, moins apocalyptiques.

S'il n'est plus de ressource transcendante pour éviter le pire, il nous restera le recours de la morale, pourvu qu'elle soit assez partagée pour faire une démonstration de sa force.

La vie quotidienne

Il serait injuste de vilipender les institutions et tous ceux qui les peuplent en taisant ce que nous constatons chaque jour auprès de nous, voire en nous. On ne saurait se défausser sur les notables, comme on le faisait sur les délinquants et criminels, au nom d'une morale hargneuse qui ne pouvait survivre que dans l'accusation perpétuelle. Les projecteurs laisseraient ainsi dans l'ombre le plus menaçant, qui est aussi le plus routinier. La plupart du temps, ce qui est dénoncé publiquement est dit immoral puisqu'il est illégal. La moralité de nos actes s'appréhende plus aisément dans l'absence de la loi : quand aucune punition ne menace de réprimer une transgression, le choix est plus clairement moral. En ne risquant rien, nous sommes pleinement responsables de nos actes. Nous avons à en répondre devant notre seule conscience, que la peur ni la loi ne déterminent.

Or mille petits faits convainquent de mutations profondes. Ils se situent en deçà de toute légalité et en tirent leur signification. En effet, les médias s'intéressent uniquement à la contravention publique, aux cas où la loi est transgressée. Si l'amnistie politique a fait exception, c'est précisément dans la mesure où elle a été considérée, à juste titre, comme un déni de droit.

L'essentiel est certainement ailleurs, dans ce qui nous concerne tous. Je ne crains pas de faire désuet en disant ce que répètent nos aînés avec insistance : il est quelque sagesse que nous n'écoutons plus. Le mot « retraite » et la pratique de l'exclusion nous rendent imperméables aux conseils et avis qui semblent d'un autre âge — le troisième ou le quatrième, comme on dit aujourd'hui. La fascination stupide que nous entretenons vis-à-vis des jeunes n'a d'égale que notre surdité à l'égard des aînés. Ils sont plus nombreux aujourd'hui qu'hier, sachons en profiter et en recueillir quelque discernement. La parole des aînés vaut bien quelques pancartes et banderoles. A toujours prendre leur nostalgie pour du radotage, nous finirons par n'entendre plus que le bruit des chahuts.

Or que nous disent-ils en comparant leurs jeunes années et les nôtres ? Ils se désespèrent et se plaignent mais s'intéressent plus au quotidien. Les scandales politiques et affairistes ne leur sont pas informations nouvelles. Leur nostalgie est souvent morale et mérite d'être prise en considération, même si elle s'exprime plus couramment sur le mode de l'exclamation que sur celui de l'interrogation. Ecoutons-les un moment, le risque n'est pas grand : combien d'automobilistes s'arrêtent-ils après avoir éraflé la carosserie d'un véhicule dont le propriétaire est absent ! Combien de jeunes laissent-ils encore leur place assise dans le métro bondé alors même qu'un vieil homme ou une femme fatiguée restent difficilement accrochés à la barre verticale ! Combien d'élèves résistent-ils à la tentation d'une tricherie opportune ! Qui n'abuse des congés de maladie ! Qui rectifie l'étiquette erronée dans un hypermarché ! Qui proteste d'une facture non réclamée pour un service effectivement dû ! Nous ne devons pas sourire de ces exclamations car ce sont de vraies questions qui nous sont posées. Et s'il est vrai que souvent l'exigence morale d'antan cohabitait avec d'autres indifférences ou agressions — l'antisémitisme des catholiques, la haine des Boches, etc. —, les progrès que nous avons à faire passent par les considérations quotidiennes. Il ne suffit plus d'avoir de belles et généreuses opinions, il nous reste à examiner de très près notre environnement immédiat. La solidarité avec les peuples lointains ne peut se contredire dans le mépris de notre prochain.

Certes, on condamnera l'agression violente ou le racisme tonitruant, et l'on réagira en protestant de son innocence sur les quelques cas que j'ai cités. Mais à l'échelle de notre société, nous voyons tous les jours que les consciences morales s'assoupissent. Je ne crois pas qu'il y ait une différence de nature entre les affaires bruyantes et les habitudes qui sourdent. Je ne dis pas que tout altruisme ait disparu, mais il est de plus en plus partial, comme le prévoyait déjà Hume, au XVIIIe siècle. Nous gardons des comportements de proximité, locale, amicale ou familiale, mais notre société a perdu le sens du prochain. Nous avons même souvent la tentation des solutions les plus courtes pour éviter un problème moral qui concerne toute notre société ; ainsi en est-il quelquefois de notre promptitude à défendre l'avortement. Son interdiction était le symbole même de l'ordre moral, et, dans la bataille rhétorique, la revendication de son autorisation s'est souvent passée de toute réflexion sur les valeurs. Après tout, notre incapacité à supporter les handicapés peut nous conduire tout droit vers l'eugénisme le plus dangereux, car nous préférerons supprimer le risque plutôt que d'assumer une responsabilité que nous fuyons. Certains handicapés déduisent de cette promptitude à liquider les fœtus à risques la négation même de leur existence. Lors d'un récent débat télévisé, animé par André Bercoff, les femmes et hommes qui posaient de vraies questions sur ce thème furent hués par la salle et rabroués par le présentateur. Loin de moi l'idée de remettre en cause la loi Veil, mais la réflexion morale ne s'arrête guère avec les décrets d'application. Et souvent l'intolérance des ennemis de la morale prend des allures magiques tant ils croient encore que l'accusation de « moralisme » a valeur d'argument.

Le terme de « prochain » peut révulser certains laïcs, il reste, je le crois, un des piliers de mon propos, un beau terme pour l'humanisme. Il vaut aussi bien pour l'homme dont la peau est différente que pour le vieillard debout dans le métro. D'ailleurs, lorsque le Christ veut donner l'exemple du prochain, il choisit le cas d'un Samaritain, l'homme différent, ennemi des Juifs.

La morale ne prendra sens que dans le quotidien. Aujourd'hui, seul reste moral l'exploit, c'est-à-dire le voyage héroïque, l'abandon de toutes choses, en route vers un ailleurs misérable : il nous faut des exercices d'admiration, comme l'écrivait Cioran, quand nous aurions besoin d'exercices d'attention, au ras des hommes. Je ne crois pas que la multiplication des éthiques satisfasse à cette exigence : elles formulent des nécessités locales quand notre conscience demande aujourd'hui des impératifs dont la légitimité s'applique au local comme au global.

Intimement, nous sommes convaincus que tout se joue en nous et avec nous, dans nos paroles et nos actes les plus concrets et les plus proches. Il faut ici reprendre le mot d'un homme qu'on disait « moraliste » quand ce n'était guère une insulte : « Dans les grandes choses, les hommes se montrent comme il leur convient de se montrer ; dans les petites, ils se montrent comme ils sont » (Chamfort).

La conscience, levier de l'avenir

Nostalgiques, nous pourrions seulement nous attendrir et pleurer le passé révolu et les révolutions passées. Mais la communication, qui, au demeurant, apprend peu de chose, nous apprend l'essentiel dans sa légèreté même. Nous savons aujourd'hui que, dans les tourmentes rapidement décrites, une conscience morale demeure. Sans présupposer un « instinct divin » de vicaire savoyard, nous voyons, tous les jours, les effets de cette conscience. Il en faut une pour étayer nos espoirs à venir. Les politiques sont, là encore, très significatifs : ils aiment à se donner une image morale car ils en connaissent l'impact sur les hommes qu'ils baptisent électeurs et que nous prenons pour ce qu'ils sont, des consciences agitées d'un profond souci moral. Un homme moral est respecté, quoi qu'on pense de ce qu'il pense politiquement. Les succès de Rocard et de Villiers s'expliquent ainsi, quoique l'un soit pudique et l'autre exhibitionniste.

A l'époque où j'écrivais quelques discours pour un ministre, je fus convoqué pour parfaire un projet rédigé à l'occasion d'une conférence sur le tiers monde. Le ministre m'avisa de son front habituellement soucieux. « Très bien, votre discours sur les pays en voie de développement. Très bien. Mais quelque chose me chiffonne. Je ne sais pas quoi au juste... Très bien. » Il réfléchit encore quelques minutes puis il se leva et prit le ton de la découverte cher à Bourrel : « Mais c'est bien sûr, mettez-moi un peu de générosité, oui, c'est cela, il faut un peu de générosité... » *Cherry on the cake*. Cet homme de grande intelligence savait l'impact de la moralité. Elle importe dans l'image car les hommes s'en émeuvent toujours.

Mille opérations des entreprises confirment dans leur communication cet appel à la conscience morale commune et rassurent quant à sa survie malgré nos discours et nos actes. On comprend dès lors pourquoi l'éthique devient un nouveau poncif du management des hommes. Je ne pense pas qu'ils puissent être dupés très longtemps : la politique elle-même tend à le montrer. Discourir contre les Japonais et contre les charters d'une droite raciste, pour ensuite, une fois au pouvoir, appeler les Japonais chez Bull et réquisitionner les mêmes charters coûte cher. La première réaction de la conscience morale est de toujours confronter les actes et les paroles.

De ce point de vue, on n'examine pas assez ce que nous disent les sondages qui, à intervalles réguliers, mesurent la « confiance » des Français. Leurs résultats dérivent en grande partie de notre conscience morale : la confiance n'évalue pas seulement la capacité à gouverner ni les compétences économiques. C'est d'abord la conviction profonde qu'un homme n'agit pas autrement qu'il le dit : ne nous étonnons pas des résultats. Les chutes des uns et le maintien des autres se lisent respectivement dans le grand écart entre les outrances du langage et la médiocrité des actes, et dans l'humilité des propos et la cohérence des décisions.

Certes, on meurt souvent de la vertu, tant le cours du monde s'y rend étranger. N'appelle-t-on pas « fictions » ces réalisations multiples dont seule l'heureuse fin, signe de la vertu triomphante, garantit le succès populaire ? Nos consciences demeurent cependant, elles suggèrent aux puissants d'orchestrer la valse des éthiques mais nous laissent espérer pour demain des enthousiasmes plus pertinents et plus beaux. La valse des éthiques, pâles reflets de la morale dans le miroir des pouvoirs, est le premier pas d'une morale claudicante. C'est dans notre conscience, avec la certitude maladroite fournie par la communication, que nous pouvons trouver le point d'Archimède.

Les catastrophes et les routines convergent en un sens unique, au point que l'homme moral devient la plupart du temps une vedette. L'héroïsme qu'on lui attribue rassure quant aux consciences intimes des hommes et ne laisse pas d'inquiéter quant à l'exception qui, seule, focalise leur imaginaire. Nous en retiendrons une conviction profonde : disparue des discours, évacuée des actes, la morale continue d'exercer une fascination essentielle sur l'imaginaire des hommes. Nous aimons l'être moral, nous l'admirons et, en même temps, nous ne savons plus entendre un discours moral articulé. De la morale, il ne reste plus que des héros, tandis que les paroles et les actes des hommes sont devenus amnésiques. Il nous suffit, je crois, d'avoir le courage de nouvelles cohérences.

Fable

Le bon commerçant et la petite fille

Dans une rue commerçante, M. Baudu attend sur son pas de porte, saluant d'un geste les habitants du quartier qui rentrent dîner. La journée a été calme. Le samedi est toujours calme. C'est le jour des migrations familiales vers les grands espaces chargés de rayons, de gondoles et de caissières. La nuit tombante amène les petits achats pour le petit commerce.

Ce soir, une petite fille pénètre dans la boutique un peu sombre. Baudu ne la connaît pas. Elle sait ce qu'elle veut et manipule avec fierté un porte-monnaie déjà usé. Elle aime cette mission qui l'éloigne d'un immeuble voisin. Car très vite Baudu connaît sa vie, ses parents distraits, la réception du soir et la course confiée. Manque seulement une boîte de sucre-glace pour la surface du gâteau. Baudu s'est assuré qu'elle n'a pas confondu le cristallisé, le poudre et le glace. Non, c'est bien un sucre décoratif. Naturellement il en possède. Le petit espace renferme tout ce qui fait défaut ; même quelques miches de pain disponibles après la fermeture des boulangeries. Il remet la boîte recherchée en indiquant les huit francs qu'il échange contre l'objet. La petite fille scrute le fond du porte-monnaie et n'y trouve qu'un billet de cinquante francs rétréci en de multiples plis. Elle sait à peine compter et omet de le déplier, comme on l'apprenait avant, par politesse. Baudu sait que cela ne se fait plus. Il rend avec justesse les quarante-deux francs dans la petite paume. La petite fille demande si c'est le compte. Bien sûr, répond-il en lui caressant la tête et en lui souhaitant un bon dessert. Baudu va pouvoir fermer son échoppe. La journée n'a pas été fameuse mais le sourire de la petite fille l'a égayée un instant. Le rideau métallique un peu rouillé se ferme dans un bruit archaïque. Baudu sait-il seulement qu'il a été moral ? S'imagine-t-il en exemple pour les générations futures ?

Baudu a rendu la juste monnaie. Mais pourquoi l'a-t-il fait, alors que les affaires vont mal ? L'acte n'a aucune valeur morale en lui-même. Mais il peut s'interpréter. Peut-être en effet Baudu n'a-t-il voulu que « fidéliser » son client ; il aurait alors tenu le raisonnement suivant : si je ne rends pas la juste monnaie, les parents vont peut-être vérifier ; je pourrais toujours suggérer l'erreur, présenter mes excuses, mais le soupçon demeurera. Les parents seront perdus pour mon commerce et la rumeur se répandra : l'épicerie Baudu profite de la naïveté d'une petite fille pour gagner quelques centimes, Baudu est un voleur. Fini les dernières petites affaires, et Baudu pourrait fermer définitivement son épicerie. Le code barres et les caisses automatiques triompheraient encore.

Mais Baudu n'a pas raisonné de cette façon. Il a rendu la juste monnaie parce que c'est normal. Sans doute ne pense-t-il même pas que c'est moral. Le normal et le moral se confondent, tant il a intériorisé cette valeur. Baudu peut dormir la conscience tranquille ; c'est un homme moral.

On dira que l'essentiel est le résultat : personne n'est trompé, dans un cas comme dans l'autre. Mais c'est inexact, c'est *moralement* inexact. Si Baudu calcule son geste, il renonce effectivement à améliorer sa caisse de la journée, mais le fait au profit du long terme. En voyant qu'il est honnête, le client reviendra. Baudu aura une bonne image, l'image d'un homme honnête. Mais il ne sera pas un honnête homme.

Le résultat est le même, mais dans un cas Baudu a agi *par* devoir, parce qu'il doit rendre la juste monnaie ; dans l'autre il aurait agi *conformément* au devoir, parce qu'il est utile, sur le long terme, de rendre la juste monnaie. Dans un cas, il a été *moral* ; dans l'autre, il aurait été *intelligent*. Baudu nous a montré toute la différence entre la *morale* et l'*éthique*, à la manière dont ces mots sont employés aujourd'hui dans le monde des affaires. Dans l'éthique je sais qui compte, car je sais ce qui compte, c'est l'efficacité de l'action, qui peut, la plupart du temps, être évaluée.

Que faut-il donc dire aux hommes ? Rendez la juste monnaie, ce sera bon pour vos affaires. Ou rendez la juste monnaie car il est bien de le faire. Le hiatus est considérable. Derrière des résultats identiques se cachent des mobiles radicalement différents qui, en d'autres circonstances, produiront des résultats différents. D'un côté la moralité de Baudu est immédiate, sans conditions. De l'autre elle serait accidentelle, contingente : si demain Baudu s'envolait pour le Paraguay, sans se soucier des clients du quartier, il n'aurait plus besoin d'agir honnêtement. En agissant mal, en rendant une fausse monnaie, il ne courrait alors aucun risque. Il ferait un injuste profit à court terme et n'aurait pas à penser à un terme plus long, puisqu'il serait loin de cette clientèle de proximité. N'agissant pas par devoir, il n'aurait plus aucun intérêt à agir conformément au devoir. En renonçant à agir par principe, on ouvre le champ à tous les actes possibles, au gré des situations.

Baudu et la petite fille nous montrent l'essentiel, qui s'oublie quelquefois. Mais Baudu agit en toute humanité ; il ne fait pas la différence entre des valeurs qui seraient valides dans son échoppe et d'autres qui serviraient dans sa vie privée. Sa vie c'est son commerce, et son commerce c'est sa vie. Il n'existe pas un Baudu grand-père et un Baudu commerçant. Il n'a pas appris la vertu dans les affaires ; il sait que la moralité s'applique *aussi* aux affaires. Il est un vieil homme face à une petite fille ; l'homme reste le même quand il devient un commerçant face à une cliente. Tout cela s'apprenait à l'école et dans la famille.

Ce n'est pas moi qui raconte l'histoire, c'est un homme du XVIIIe siècle, Emmanuel Kant, avec la simplicité qu'ont les grands philosophes. Est-ce un hasard si Kant, pour parler de la morale, prend un exemple dans le monde des affaires ? Est-ce un hasard si ce monde oublie le principe du devoir ou ne l'entend plus ? Loin des principes, on ergote sur la vertu, et, du monde des affaires, monte, depuis quelques mesures, une musique de sirènes qui veut nous entraîner tous dans un nouveau pas de danse.

2.

La mode de l'éthique

Les suffixes sont les signes industriels des dernières décennies. Ils s'apposent à des variables *(x)* qui leur donnent une signification mais les intègrent dans la même famille. Ainsi avons-nous connu les *(x)-tiques* — cybernétique, robotique, bureautique, informatique, télématique, domotique, monétique —, les *(x)-ao* — *cao*, *dao*, *pao*, *eao*, pour dire la conception, la direction, la publication et l'enseignement. La technique ne donne pas dans l'élégance et produit son jargon. Mais aujourd'hui, la société civile est envahie par les *(x)-éthiques*. Ainsi parle-t-on, sans même sourire, de bioéthique, de business-éthique ou de markéthique. La laideur des mots est un mauvais présage, mais elle n'est peut-être pas dépourvue de sens. Le suffixe nous dit bien la pluralité, la famille, les variables et le modèle technique : pluralité des lieux où s'organisent des pratiques ; famille de règles qui organisent les comportements ; variabilité des normes suivant les lieux ; technicité des discours dont l'essence sera d'identifier des outils. On comprend que Michel Serres parle du « vocable étriqué » d'éthique. Les mots évoquent la série et une sorte de taylorisme de la réflexion morale.

On ne saurait cependant se contenter d'ironiser sur les éthiques multiples. Elles expriment un honorable besoin des hommes que les organisations traduisent dans leur langage. Comme la plupart des besoins essentiels, il s'interprète dans notre économie de marché comme une demande, à laquelle on répond par une offre. Selon le lexique habituel du marketing, à la segmentation d'un marché doit correspondre une segmentation de l'offre. Cela s'appelle la *satisfaction du client*. Il est permis de craindre cependant que le design — *(x)-éthique* — des produits offerts sur le marché de nos désirs soit quelque peu décalé par rapport à nos exigences, qui, en l'occurrence, désertent la sphère marchande.

Il convient donc de commencer par identifier la famille des produits qui sont proposés aux hommes, à leurs consciences et à leurs comportements. Ainsi pourrons-nous mieux caractériser les séductions qui sont mises en œuvre et les stimuli censés nous subjuguer. Il faut, pour vendre, donner toujours l'impression aux acheteurs qu'ils sont intelligents, c'est-à-dire que les arguments déployés pour les persuader sont rationnels. En cela consiste la vraie séduction : un peu de charme et de rêve, mais aussi les atouts de la publicité comparative. Le résultat recherché est clair : profit et fidélisation pour le vendeur, satisfaction pour le client.

Dans la valse des éthiques, on entend une musique envoûtante : son air — comme rythme et apparence — semble moral. Nous avons l'impression d'une liberté retrouvée pour notre réflexion, comme toute danse ouvre un espace pour nos corps. Nous pensons pouvoir échapper au libéralisme sauvage, aux contraintes de la compétitivité et de la productivité, au moins quelques instants. Enfin, l'argent et le profit ne sont plus tout. La recherche médicale dit ainsi s'en abstraire et les codes d'éthique prétendent à une autre dimension, irréductible à toute loi de la jungle. Vous voulez de la morale, nous vous la garantissons, estampillée. Mais pourquoi donc parler alors d'*éthique* ? S'agirait-il d'une sous-marque ? D'un produit de qualité inférieure ? La réponse à ces questions fait passer de l'ambition morale à la réalité linguistique d'une famille lexicale. Soupçonnée, la valse propose plus une marche militaire qu'un pas de danse : *Radetzky* se substitue au *Beau Danube bleu*.

La distinction essentielle entre la famille des éthiques et la morale apparaît nettement dans l'exemple du commerçant et la façon dont Kant parvient à l'exploiter. Nos manuels séculaires d'éducation morale, qui le savaient bien, multipliaient les références à Kant. Une certaine confusion peut naître des variations dans l'usage des mots. Longtemps « éthique » et « morale » ont signifié sensiblement la même chose, aux étymologies près, le grec et le latin faisant la seule différence. Ainsi coexistent anthologie et florilège, polymorphe et multiforme. Le génie de notre langue nous laisse quelques choix, de latiniste et d'helléniste. De nombreux textes philosophiques contemporains conservent cet usage, comme le fait Paul Ricœur par exemple. Mais la médiatisation des concepts modifie leur compréhension comme leur extension. Sans entrer dans les subtiles, trop complexes et souvent contradictoires distinctions de divers philosophes, mieux vaut nous référer à ce qui est ici en jeu : l'usage très contemporain — celui des entreprises, de l'Etat, des professions, des médias ou de la recherche scientifique —, car il change les données de l'interprétation sans respect pour la tradition philosophique.

Certes, le terme de « morale » est un mauvais emballage, « avec son cachet victorien, suranné et répressif » (Alain Minc), mais ne croyons pas que la substitution des mots soit le simple effet d'un discrédit jeté sur la morale. Aux deux mots correspondent toujours deux contenus conceptuels, perceptibles dans la distinction kantienne. Ainsi, le commerçant qui agit *par devoir* sera dit avoir une attitude *morale*. Celui qui agit *conformément au devoir* respecte une *éthique* des affaires. Le premier n'est pas *intelligent* au sens où la réflexion sur le temps n'intervient pas dans sa décision. Le second est *intelligent* dans la mesure où il prend les moyens de sa réussite.

Deux termes philosophiques définissent avec précision les usages non philosophiques et contemporains des deux concepts : la morale est un *impératif catégorique* ; l'éthique est un *impératif hypothétique*. Cette distinction est décisive. Ou l'action est déterminée par un impératif inconditionné qui s'impose de façon catégorique : la conscience agit alors par devoir. Il s'agit de *morale*. Ou l'action est déterminée par une hypothèse qui lui impose un comportement, ce qu'on pourrait appeler aussi un impératif de prudence. Il s'agit maintenant d'*éthique*.

Cet appel à l'intelligence est un composant essentiel du produit « éthique ». Il fait la différence car il distingue l'archaïque donneur de leçons qui sévit en morale de celui qui tire les leçons de l'expérience et du temps. Tel est l'esprit des éthiques ! On se reconnaît, chez soi, en famille, à la vue perçante et au long terme : les éthiciens voient loin. André Comte-Sponville exprime bien cette différence : « La morale commande, l'éthique recommande. » Les faits corroborent cette thèse : tous les comités d'éthique ne concluent jamais que sur des « recommandations », nommées aussi « avis ». Mais la distinction indiquée par André Comte-Sponville est riche, qu'il faut prendre en deux sens : le sien, descriptif, qui indique le départ entre l'inconditionné et ce qui relève des lieux ou circonstances, l'ordre et le conseil, le catégorique et le feutré ; le nôtre, historique, qui fait renaître l'éthique des cendres de la morale et, surtout, de la disparition des discours. La morale commande, ça ne marche plus ; on essaie autre chose : l'éthique recommande, d'une autre façon, en sollicitant l'intelligence des choses, selon les préceptes de l'utilitarisme qui, théoriquement, la fonde.

Les exemples contemporains sont nombreux qui confirment l'installation progressive de ce raisonnement dans nos esprits. Alain Minc : dans un monde où l'argent est devenu fou, les injustices deviennent tellement flagrantes qu'il faut revenir à la vertu, sinon notre cher et beau système court à sa perte ; les politiques : il faut aider les Kurdes, sinon ce peuple qui jamais n'a sombré dans le terrorisme y sera précipité de force ; les mondialistes : pour éviter un soulèvement des pays pauvres, il faut participer activement à leur développement. On ne vous demande pas d'être moral, on vous demande de réfléchir un peu ! Nous verrons que, dans la plupart des cas, les éthiques sont la mise en œuvre locale de ce raisonnement.

Dès lors, il est clair que l'éthique n'est pas une « morale appliquée », comme on le dit quelquefois.

Elle est un produit d'une autre nature. La moralité se soucie peu des circonstances, du calcul ou du temps qui passe, elle s'affirme immédiatement. L'éthique, au contraire, est un raisonnement qui parie sur le temps et choisit le long terme par rapport au court terme. Autrement dit, l'éthique se présente comme un compromis entre la morale et l'intérêt. Tel est du moins l'apparence qu'on aime lui donner. Reste à savoir si ce n'est pas une « morale de l'intérêt », l'expression oscillant entre l'oxymore et la palinodie. Tel est le trop fameux axiome des Américains : « *Ethic pays*. » On peut y trouver ou du cynisme ou de la désillusion. Soit on dissimule le calcul à long terme sous les oripeaux d'une morale déchue dans les comportements mais encore vivace dans les consciences ; s'en donner l'apparence suscite alors la reconnaissance. Soit on se raccroche désespérément à des résidus de morale, persuadé qu'il s'agit là de la dernière ligne de défense.

La différence entre éthique et morale est d'importance : elle induit soit l'alternative soit la conjonction entre les deux concepts. Je crains que Comte-Sponville, peu familier des entreprises et de l'économie de marché, n'aille trop vite en affirmant la complémentarité des deux démarches dans ses textes précis et rigoureux. L'expérience nous montre que les mots « qui ont plus de valeur que de sens » — comme le disait Valéry de la liberté — sont l'objet de détournements subtils et souvent dangereux, surtout quand leur valeur est le résultat d'un besoin.

En effet, supposons que l'argumentation éthique soit d'essence morale ; elle n'userait alors de l'intelligence que pour convaincre ou pour s'attacher les hommes séduits par la morale mais soucieux de l'appliquer concrètement sans défier une réalité hostile.

Le pragmatisme apparent de cette argumentation est contredit par deux présupposés : l'un est d'un idéalisme forcené qui sied mal à ceux qui le soutiennent ; l'autre, contradictoire, ne donne à la morale qu'un tour très versatile. Leur conjonction maladroite conduit à soupçonner l'air que se donnent et que nous jouent les éthiques.

Le cours moral du monde

Le premier présupposé concerne le *cours du monde*. Les démarches qui recommandent l'éthique comme morale astucieuse et appliquée postulent que la réalité des choses est en fait *morale*. Car proposer l'éthique comme une intelligence du long terme, c'est considérer qu'à ce terme le fait de bien agir sera effectivement consacré par les faits. Si je suis honnête contre mon intérêt immédiat, j'en serai payé à terme. Autrement dit, l'honnêteté est installée dans la durée des choses, suit lentement le fleuve du temps, même si, avec une courte vue, je pourrais y perdre quelque profit. L'éthique veut éviter la bévue, elle suggère une « diagonale de la vertu » (Alain Minc). Vouloir réconcilier, dans le mot d'éthique, l'intelligence, l'intérêt et la moralité, c'est affirmer le cours moral du monde puisque l'éthique « est, a long terme, le meilleur investissement » (Alain Minc). Subsidiairement, c'est dire, à la face du même monde, que la réussite est d'essence morale : moi, qui suis au pouvoir, je prouve ma moralité en exhibant ma réussite.

Certes, ce n'est pas toujours le cours du monde en

lui-même, pris comme un enchaînement de causes et d'effets, au ras des actions et des réactions ; il se produit une alchimie complexe dans laquelle intervient massivement la communication, comme commentaire ou représentation du monde. En effet, la réalité que nous éprouvons est le mélange des actes et des images qu'engendrent les actes. Dès que nous agissons, nous produisons partout des images, comme les corps épicuriens envoyaient des simulacres. De fait, l'éthique engendre des images morales. L'image est au moins aussi efficace que la réalité des actes. Elle propose par exemple des repères aux travailleurs ou aux clients ; elle met en confiance ou facilite les négociations ; elle suggère une bonne volonté de celui qui la pratique. On rejoint là l'argument de la fidélisation que Baudu aurait pu retenir. C'est, en sus, un vieux principe machiavélien qui régit l'efficacité des chefs politiques : l'impact de l'image est aussi puissant que l'effet de la réalité ; mieux encore, la réalité des actes se prolonge toujours dans une image qui, elle seule, est efficace. Et si même un comportement éthique peut être perdant dans le court terme, la construction et la cohérence de l'image donnent des garanties pour l'avenir.

La réalité est faite d'images, de représentations et de processus concrets. L'éthique étaye l'image sur des actes. Les effets en sont souvent positifs, on le voit bien en matière d'environnement. De nombreuses entreprises prennent maintenant des initiatives qui relèvent moins de préoccupations authentiques que de *communication corporate* — c'est ainsi que l'on nomme la communication qui fait passer l'image de l'entreprise comme institution, en amont de ses produits, vantés eux-mêmes par la communication publicitaire. D'ailleurs, plus une entreprise est polluante, plus elle multiplie les actions de mécénat sur l'environnement. Les pétroliers et les chimistes rivalisent dans le culte des arbres, la protection des espaces verts et la sauvegarde des espèces en voie de disparition. Je me rappelle encore le regret d'un directeur de l'environnement, dans une entreprise pétrolière : une agence de communication lui avait proposé le sauvetage de quelques ours, avec plan-médias annexé. Sa hiérarchie s'était opposée au budget proposé. Un groupe chimique partiellement concurrent avait repris l'idée. On peut évidemment soupçonner cette affection soudaine pour les ours !

Mais qu'il s'agisse d'image, de communication ou d'actes concrets, le présupposé reste le même : le cours des choses développe avec le temps une cohérence parfaite avec la morale. Il la manifeste et consacre ceux qui y triomphent. Grâce à l'image écologiste à laquelle sont contraintes de nombreuses entreprises, à court terme, les baleines, ours et dauphins se réjouissent discrètement des éthiques ambiantes. Ils restent cependant à la merci de retournements soudains. Tel est le destin des impératifs hypothétiques. Cet exemple, simpliste mais bien actuel, montre que, la plupart du temps, l'éthique joue sur la surface des choses tant elle se préoccupe de l'image et peu de la réalité. Très souvent l'éthique a pour première finalité d'être communiquée plus que d'être partagée.

L'essence des éthiques est peut-être leur *publicité ;* elles s'opposent, en cela, d'une part à l'intimité de la conscience morale et d'autre part à la stabilité de ses impératifs.

Au contraire de cette éthique intelligente, la morale

ne dit rien sur le monde, elle impose des devoirs. Sa nature même la rend hétérogène avec le cours des choses. Il s'agit d'un autre ordre. Il n'existe pas de morale sans risque, car elle éprouve notre liberté. Si l'acte moral était nécessairement voué à la réussite, il n'existerait plus en tant que tel : les plus intelligents seraient les moins immoraux. On se demande alors de quel usage serait ce mot d'éthique, tout à fait redondant.

Sans doute l'éthique constitue-t-elle un beau pari, mais un pari insensé. Certaines pratiques commerciales permettent d'éliminer rapidement un concurrent bien avant que le long terme prenne le temps de faire triompher la vertu. Fabriquer un pneu de qualité, réparer correctement une voiture ne sont pas en eux-mêmes des actes qui manifestent une morale. Ce sont peut-être les clefs de la réussite économique, encore qu'on puisse en douter.

Les éthiques sont donc à la fois optimistes et pessimistes. D'un côté, elles croient en une essence morale de la réalité sensible, du marché et de la guerre économique ; de l'autre, elles pensent les hommes incapables de se déterminer moralement dans leurs actes. C'est pourquoi les éthiques s'acharnent à leur prouver la rentabilité de leurs comportements. Au mieux, l'éthique essaie de corriger tout ce que l'éducation n'a pas appris ; au pire, elle consacre une immoralité générale des individus qu'on ne peut combattre qu'en affirmant la moralité essentielle de l'histoire. C'est là une antinomie insoluble : on imagine mal que la somme des impotences morales puisse produire une réalité objective qui soit effectivement vertueuse. En refusant la transcendance d'une morale qui s'impose à l'intelligence des hommes, l'éthique s'installe dans une immanence contradictoire dont elle ne peut s'échapper.

Versatilité de l'intelligence des choses

Le second présupposé contredit en partie le premier. Il est à la fois présupposé et conséquence. Si l'éthique est bien un impératif hypothétique, elle adosse le devoir à l'intérêt ; de ce fait, l'éthique est versatile : elle ne peut tenir la distance ou la durée dès que l'hypothèse change. A supposer que le long terme soit contradictoire avec l'efficacité d'un acte conforme au devoir, cet acte devient alors nul et non avenu. Si demain un sondage fait connaître que les ours ont une mauvaise image, tant pis pour les ours ! tous les actes de solidarité internationale, ou de charité pure, courent le risque d'être disqualifiés. La preuve d'une efficacité à terme est toujours difficile. Si une entreprise préconise une politique sociale progressiste dont le rôle est avant tout de prévenir les mouvements sociaux, il suffira d'une grève située dans un établissement pilote pour que l'entreprise abandonne ses intentions louables.

Or la morale doit apparaître comme nécessaire et d'une certaine manière universelle. Si, pour obtenir un marché, je sais qu'il est bon à terme de ne pas corrompre l'acheteur afin de me forger une image de rigueur, si je pense que la rumeur dissuadera le prochain client d'attendre le geste coupable, je raisonne en termes éthiques. Mais si l'expérience, au fil du temps, me montre le contraire ? D'échecs en échecs, je réaliserai que le long terme est décidément trop long et qu'il me faut modifier mon analyse et mon comportement. Le bien et le mal définis par les éthiques intelligentes ne tiennent guère devant une réalité hostile. L'éthique est donc versatile par nature car elle surfe sur des contradictions insurmontables.

Ces deux remarques critiques confirment une analyse de notre temps : l'éthique est le symptôme d'un manque. Elle manifeste le besoin et le désir d'une moralisation des choses, mais elle feint de croire que cette moralité est dans le cœur même des choses. Or rien n'est moins assuré. Paradoxalement, l'idéalisme se cache plus dans les éthiques qu'on nous propose que dans la morale qui sait sa propre essence. Elles font agir pour le moindre mal quand il faudrait avoir le courage du meilleur. Ce sont les éthiques d'un milieu. Leurs principes ne fonctionnent efficacement que si tout le milieu les reconnaît. Telle est d'ailleurs la contrainte que tentent d'imposer ceux qui définissent des valeurs pour une profession ou pour un métier. L'éthique devient alors une nouvelle règle dans le jeu de la concurrence. Même le milieu a ses lois, dans l'élément de l'illégalité et du crime, ce qui revient à dire prosaïquement que, partout, il y a des choses qui se font et d'autres qui ne se font pas. Sinon ce n'est plus du jeu ! Et on veut continuer à jouer.

Mais si l'éthique est un symptôme, ce n'est pas un symptôme de courage. Il est quelque lâcheté dans l'incapacité où chacun se trouve de s'engager par rapport à soi-même. On craint d'être moral tout seul. Il faut une pression collective et, surtout, la garantie que la moralité individuelle ne va pas être battue en brèche, dans la réalité concrète, par un concurrent peu scrupuleux. C'est là encore un aveu de la triste antinomie. Comme on n'ose être moral, en sa propre conscience, il faut d'autres soutiens, voire d'autres censeurs. On échange le bien faire de l'individu contre le bien vu d'un collectif. Une dimension nécessaire de l'action morale est ainsi effacée.

Certes, il est possible de concevoir qu'une profession ou une entreprise adapte les principes de la morale à des cas particuliers ou les rappelle pour que les individus fassent correctement le lien entre l'abstrait et le concret. Mais pour ce faire, il ne faudrait pas contredire, par principe, les dimensions constitutives de la moralité : le courage, la conscience et l'impératif catégorique. La versatilité provient surtout de cette confusion. Les hommes de ce temps ont besoin de repères, mais il ne faut pas les multiplier à l'infini. A trop sophistiquer les formulations, on se perd dans les valeurs infondées, tandis que la conscience pourrait appréhender ces repères de façon beaucoup plus immédiate.

Avec les impératifs hypothétiques, toutes les circonstances sont bonnes pour des ratiocinations contradictoires. A certains égards, les argumentations se perdent dans les effets secondaires. Reprenons l'exemple de la corruption : on peut toujours échapper à une éthique professionnelle au nom d'autres arguments éthiques. Face à l'acheteur, il est possible d'évoquer l'emploi dans son entreprise ; le gain du client peut éviter des licenciements ou du chômage technique. On peut aussi penser que tel autre concurrent n'aura pas les mêmes scrupules. A tout prendre, il vaut mieux conquérir un marché pour que, *in fine*, quelqu'un de plus scrupuleux occupe la place. On entendra par *scrupuleux* l'individu qui se sera au moins posé la question éthique — étymologiquement, le scrupule était un petit caillou qui pouvait blesser le pied ou faire pencher la balance ; on peut en inventer de très divers. Il faut bien quelquefois nourrir ses enfants ou secourir son épouse. L'éthique joue avec les argumentations puisqu'elle se joue de la morale même.

Allons plus loin encore : l'idéalisme qui semble animer, de façon très contradictoire, les discours éthiques révèle une illusion, voire un mensonge. L'éthique ne paie pas toujours, les affaires, les entreprises et le monde politique sont peuplés d'hommes dont le souci éthique a toujours tendu vers zéro. Je propose un postulat plus restrictif : la malhonnêteté ne paie pas toujours. Au moins cette affirmation laisse-t-elle quelques chances à la réputation d'hommes intègres. *« Ethic pays » !* Cela fait sourire la plupart des chefs d'entreprise que j'ai rencontrés, tant ils peuvent citer des exemples susceptibles d'infirmer le propos. Avec les discours éthiques nous sommes bien loin de la moralité ; nous avons le bel exemple d'une amnistie que les politiques consacrent par la loi et les hommes d'affaires par le discours. Les éthiques sont sans doute parties des preuves les plus palpables d'un retour à venir de l'exigence morale. Nous devons donc avoir une vigilance continue vis-à-vis des succédanés trop vite lancés sur le marché.

Ce constat nous dit bien à quel point il faut nous méfier de l'intelligence et de la communication dès qu'elles veulent accaparer la moralité. Dans les années soixante, on appelait cela de la récupération. Ce qui s'entend en deux sens : celui de ces années, politique et soupçonneux ; celui de nos années écologiques, où des vieux matériaux sont récupérés pour être transformés ; ainsi en est-il de la morale dont les restes sont à la portée de tous.

Pour bien mesurer la confusion qu'introduit l'intelligence dans la moralité, il faut revenir à l'exemple du sida, sur lequel fantasment les laudateurs de la « génération morale ». Ils ne disent pas « éthique » car ils continuent malheureusement à lier étroitement la morale et le sexe. La peur du sida est le paradigme de l'éthique contemporaine ou du moins de ses raisonnements. Toutes les confusions s'y rassemblent, toutes les peurs s'y conjuguent. Une menace planétaire concerne un virus et des sexes. Soyons prudents, faisons moins l'amour, évitons la dangereuse homosexualité. Curieusement on y décèle un retour de la morale ! La prudence est vraiment l'essence de l'impératif hypothétique.

C'est un double contresens, sur la nature même de la morale et sur ses ancrages. Premier contresens : en lançant ce slogan de « génération morale », on unit de façon archaïque la morale et le sexe. La collusion des contempteurs du sexe et des donneurs de leçons a déjà condamné une fois la morale, qui se disqualifiait au fil des interdits et des inhibitions : d'essence négative, elle cumulait le refus de l'amour, l'hypocrisie et la mesquinerie. Ce n'est pas un hasard si la génération de Woodstock et de Wight agressait la morale par le biais de l'amour libre. Souvenons-nous du slogan « Vivre sans temps morts et jouir sans entraves ». L'exigence morale des hommes ne passe plus aujourd'hui par le détail des alcôves. La rupture du cordon sanitaire est la véritable condition de notre moralité.

Second contresens : une action ne comporte aucune dimension morale si elle est le seul effet d'une peur. Le sida terrifie, à juste titre. Adapter nos comportements relève d'une intelligence minimale, mais ne renvoie en rien à une moralité quelconque. Il faut en finir avec ces discours qui veulent cantonner la morale dans le mélange des liqueurs séminales ou la sueur synoviale des corps enlacés. Il n'existe pas de génération morale autour du sida ; apparaissent tout au plus quelques comportements de prudence.

Les campagnes de prévention n'ont d'ailleurs rien à voir avec de la moralisation généralisée. Elles préviennent d'un fléau, elles n'instruisent pas d'un devoir. Ceux qui attachent la morale au bas-ventre en nient explicitement la transcendance. Ils recommandent une éthique et disent d'une certaine façon ce qu'est effectivement l'éthique : le dénigrement passéiste d'une morale archaïque et l'adaptation intelligente aux circonstances nouvelles. Les besoins et désirs des hommes sont ailleurs, où il est plus de grandeur et plus de hauteur. N'ayons crainte, la vaccination contre le sida ne nous précipitera pas dans l'immoralité ; elle nous permettra au contraire d'y voir plus clair. La morale n'est pas au bout du sexe, elle est au début de la conscience. C'est pourquoi elle commence seulement avec l'attitude que j'ai, moi, intimement, vis-à-vis d'un malade gravement atteint, et non dans la peur viscérale.

Les éthiques tentent sans cesse de s'étayer sur le concept de l'efficacité, car l'antinomie est ouvertement masquée dans les discours et les pratiques. La morale n'a que faire de l'efficacité et de l'intelligence. Elle ne peut donc affronter les éthiques sur ce terrain. On peut même en avouer et assumer l'inefficience et l'inintelligence. Le problème n'est pas là, nous devons à tout prix éviter les aléas et les déceptions des éthiques. Comme la grâce pascalienne, la morale est efficace en tant qu'elle produit son effet sur la conscience individuelle. Elle ne peut jamais être jugée à l'aune des éthiques multiples.

La morale est face au cours du monde, elle ne s'y justifie pas. Elle tient tête au monde. Lorsqu'un ingénieur de chez Matra refuse de travailler pour l'armement et demande sa mutation loin de chez lui, il n'est guère assuré de changer la stratégie du groupe ; il sait que sa décision aura peu d'effets sur le commerce des armes. Il est en règle avec sa conscience. Ce qui n'est déjà pas si mal. L'expression peut paraître subjective et suggérer que chacun a sa morale, ou que toutes les morales se valent. Peu importe : l'efficacité morale n'a rien à voir avec le court ou le long terme, elle est une nécessité qui s'impose, sacrée, c'est-à-dire inviolable.

La perversion de l'éthique tient à sa propre justification : elle veut être un gage de réussite. L'intelligence et l'argumentation peuvent tout justifier. La morale se passe d'avocats et de plaidoiries, pas d'interrogations. C'est cela, un impératif catégorique : s'interroger par principe et en principe. C'est aussi ce qui nous manque aujourd'hui. Je gage que, dans cette fin de siècle, nous reviendrons au bien et au mal, par des voies très diverses. Il faut sans doute laisser aux éthiques le temps de consommer leurs échecs et de s'exténuer dans leurs antinomies. Plus encore qu'un discours critique, le cours du monde fera le tri, comme témoin à charge.

Jacques Testart peut, en Italie, être traité de « vaticaniste ». On disait encore, il y a peu de temps, « allié objectif du Vatican ». Les coïncidences troublantes d'aujourd'hui feront les alliances objectives et subjectives de demain. Les consciences humaines feront fi des amalgames polémiques. Pour l'heure, toute résistance à la recherche est jugée archaïque ; doublement archaïque si elle développe une argumentation morale. « On n'arrête pas le progrès », répète-t-on depuis des lustres. Avant que la loi elle-même ne se décide à le mettre aux arrêts dans ses avancées les plus dangereuses, la conscience morale doit œuvrer. Elle précède toujours le droit, qui, peut-être, finira par la consacrer. Le droit reste pris dans les conflits d'intérêts et les corporatismes qui luttent les uns contre les autres. L'éthique est devenue dirimante : elle tarde et retarde les dispositions que seule une conscience morale peut anticiper. Jacques Testart n'aura pas à rougir d'avoir été la mauvaise conscience de son temps. Cette mauvaise conscience est avant tout conscience du mal. Elle mérite d'être pensée comme telle, sans vergogne. Sans doute l'intelligence doit-elle s'humilier face au bien et au mal. C'est une vieille histoire, paradisiaque et originelle.

Les éthiques sont, par nature, locales. C'est pourquoi, elles sont plurielles et de statuts distincts. L'opportunisme en est la règle. Il faut donc les suivre pas à pas pour talonner leurs arguments. Je choisirai trois lieux : l'entreprise, la communication et la recherche biomédicale. L'éthique y a respectivement divers statuts : technique de management, absence remarquée, ou présence officielle. Nous essaierons d'y lire des errances et des carences, *in concreto*. Les modes sont éphémères mais expriment notre temps, pour le meilleur et pour le pire. Notre espoir d'une morale à venir s'ancre dans le présent imparfait : nous savons désormais qu'il n'est plus de place pour les discours dogmatiques et didactiques. Les repères nouveaux sont à ce prix.

trois lieux : l'entreprise, la communication et la recherche biomédicale. L'éthique y a respectivement divers statuts : technique de management, absence dramatique, ou présence officielle. Nous essaierons d'y lire des errances et des espérances, au concret. Les modes sont éphémères mais expriment notre temps, pour le meilleur et pour le pire. Notre espoir d'une morale à venir [illegible], dans le présent importan[illegible]. Nous savons désormais qu'il n'est plus de place pour les discours dogmatiques et didactiques. Les repères nouveaux sont à ce prix.

Fable

Le manager qui jouait avec les valeurs

Ils étaient réunis en pleine campagne : verdure, petite rivière, barbecue, bel ouvrage d'art au loin. Michel Baudu ignorait alors qu'il s'agissait là de leurs instruments de torture et que ce paradis deviendrait un enfer.

On attendait le nouveau président de Hard-Top International Inc., entreprise spécialisée dans les toits d'automobiles. Il était arrivé en retard, accompagné d'un homme inconnu. Il avait traversé le hall d'entrée et salué de la main. Il les rejoindrait après s'être changé. Les douze dirigeants étaient là, assis autour des meubles froids d'une salle de travail. L'hôtel était luxueux, mais la salle anodine, comme toutes les salles de séminaire. Un rétroprojecteur attendait ses transparents, un *paper-board* allait subir les outrances d'un brainstorming. On n'avait oublié personne en ce moment décisif. Une caméra aurait pu, en un mouvement tournant, envisager le marketing, la communication, le secrétariat général, les finances, le commercial, l'organisation, l'informatique, les relations internationales, la logistique, la planification stratégique et la recherche-développement. Michel Baudu était lui-même « Directeur des Ressources

Humaines ». Les tenues étaient impeccables, ce qui faisait sourire les autres clients de cet hôtel de campagne. L'information s'étalait sur le tableau gris de l'entrée, en lettres de plastique blanc :

Comité stratégique Hard-Top International Inc.
salle des Épinettes
18 heures

Il était dix-huit heures trente. Jean Frind, qui affectait de se faire appeler « John Fraillnd », entra dans la salle. Il avait abandonné son costume de ville, et enfilé une Lacoste, comme son acolyte. Ce dernier portait dans une main un dossier et dans l'autre, curieusement, un maillet de croquet.

– OK ! salut à tous, ravi de vous voir. Nous allons faire de grandes choses ensemble.

Jean Frind venait d'être nommé à la tête du groupe. Il avait quitté son entreprise mondiale d'informatique, préférant être le premier chez Hard-Top que le second à New York. Un chasseur de têtes l'avait contacté, mandaté par les principaux actionnaires. Il avait immédiatement pris une décision surprenante : il ne mettrait pas les pieds dans son bureau avant d'avoir secoué l'équipe dirigeante dans un séminaire roboratif. Tous les directeurs s'étaient alors précipités sur les coupures de presse qui montraient son visage et faisaient son portrait. L'ensemble manquait de précision. Il était paré des poncifs habituels : énergique, dynamique, parfois cassant, décideur, préoccupé par les actions concrètes, impitoyable dans l'examen des dossiers, meneur d'hommes, un tantinet charismatique. Les pertes subies par Hard-Top lors du dernier exercice ne laissaient aucune marge de manœuvre au staff décapité. Le président avait été remercié par les principaux actionnaires, qui donnaient champ libre à Jean Frind pour réorganiser le haut commandement de l'entreprise. Les directeurs attendaient donc sa première intervention.

Jean Frind les surprit. Il n'avait rien à dire ; il était souriant, distribuant à chacun les mérites dont il s'était informé. Mais son entrée en matière fut inquiétante : que ferions-nous à sa place ? Chacun était sommé de répondre. On fit un tour de table au cours duquel chaque discours exprimait en fait le pouvoir d'une fonction. L'un raisonnait en parts de marché, un autre en maîtrise de la gestion ; un troisième martelait l'importance des hommes dans l'entreprise ; un quatrième voulait investir dans la qualité. Un cinquième insistait sur le métier et le professionnalisme dans la confection des toits d'automobiles. Tout y passa, comme d'habitude. Jean Frind s'y attendait ; il dégustait cette platitude avec délices. Il allait pouvoir surprendre et montrer sa hauteur de vues dès les premiers instants. On ignorait toujours quel était ce personnage qui le flanquait à droite.

Jean Frind ponctuait les interventions d'un « très bien, je vois » qui sentait le coupeur de têtes. Son regard parcourut tous les visages les uns après les autres, alors qu'il hochait la tête, l'air profond. Il entra dans une colère croissante.

— Messieurs, je ne vous connais pas encore. Mais je viens d'entendre ce que j'entends partout. Messieurs les directeurs, tout cela est insuffisant. Vous ne voyez pas plus loin que le bout de votre nez de financier, de communicateur ou que sais-je. Eh bien ! cela va changer désormais ! Hard-Top Incorporate va se redresser : mais pour cela, il vous faut être debout, face aux valeurs qui doivent gouverner notre entreprise. Nous gagnerons derrière une bannière que vous ignorez : l'éthique de l'entreprise, une éthique forte, puissante, partagée par tous et totalement mise au service de nos objectifs. Je ne ferai pas avec vous le cirque du management participatif. Je me doutais de tous vos discours. C'est pourquoi, nous avons déjà travaillé, Fred Good et moi.

Il présenta alors son conseiller, dont l'accent américain certifiait qu'il dirigeait un cabinet outre-Atlantique, cabinet de « conseil en éthique et en charisme », précisa-t-il. Fred Good raconta en deux mots que le management par les valeurs succédait à toutes les recettes déjà connues. « Les gens ont besoin de croire en quelque chose qui soit au-delà du profit qu'ils ne partagent pas, de l'intéressement qui finit par être pour eux une habitude et de nos produits qui sont trop répétitifs. Nous leur proposerons ce dont ils ont besoin : des valeurs stimulantes, aguichantes et dont ils soient fiers. Dans la transparence la plus totale. » La conclusion de leur réflexion était simple :

— OK ! Fred. Les valeurs domineront vos divisions et seront les mêmes pour tous les dirigeants et pour tous les salariés, jusqu'à la femme de ménage ou la sténodactylo. Nous gouvernerons désormais Hard-Top avec une valeur forte : *la hardiesse*, cette valeur de tous les instants. Et, vous le verrez, l'éthique finit toujours par payer. Je suis là pour penser le long terme, et je le fais. C'est mon devoir.

« Et vous, messieurs, vous allez durant ces deux jours me décliner la hardiesse dans tous les compartiments de l'entreprise. Je veux que les finances, les ressources humaines, le marketing, que toute l'entreprise soit pénétrée de hardiesse. Je veux que ce mot soit inscrit en lettres d'or au fronton de toutes nos usines, dans notre rapport annuel, dans toute notre communication. Je veux de la hardiesse partout. Vous ronronnez, messieurs, j'exige que vous me décliniez la hardiesse. C'est avec hardiesse que nous piloterons le groupe et que nous préparerons l'avenir. Nous ne réussirons qu'à cette condition : telle sera désormais notre éthique. »

Déjà les consignes pleuvaient. Le directeur de la communication devrait fournir dès lundi prochain des pin's pour tout le personnel ; le prochain numéro du journal d'entreprise reproduirait en couverture un slogan qu'il aurait trouvé ; la presse serait convoquée dans les quinze jours pour connaître la hardiesse ; on créerait un prix de la hardiesse dans l'entreprise ; les financiers abandonneraient les placements de pères de famille ; Hard-Top concourrait au festival de Biarritz dès cette année en crevant *hardiment* l'écran ; les tenues des cadres seraient empreintes de cette valeur nouvelle : finis les uniformes en trois pièces prudentes ; on abandonnerait le siège sinistre et « planqué » de cette petite rue du XVe arrondissement ; on inciterait les employés à tutoyer leurs cadres ; la hardiesse serait partout ; les recrutements et formations en feraient leur principal critère. « D'ailleurs, je vous signale que le signe de la hardiesse est le Lion, ascendant Sagittaire. » « De la hardiesse, encore de la hardiesse, toujours de la hardiesse. » On attaquerait les marchés inconnus, la stratégie serait agressive sans crainte de se mettre à découvert. On déclinerait sans cesse. Fred Good avait pris le relais et multipliait les plans d'action alors que chaque direction prenait fébrilement des notes. Il continuait sans faiblir. Le logo serait transformé ; on proposerait aux clients des formules nouvelles et des toits inédits. La hardiesse, c'est Hard-Top. Aucune entreprise n'avait choisi cette valeur, Fred Good le confirmait. Ce choix était la première hardiesse de Hard-Top.

Les directeurs devaient bien comprendre : désormais cette valeur serait partagée dans l'enthousiasme. « Dorénavant, dans notre entreprise, ce qui est hardi est bien, ce qui n'est pas hardi est mal. » Jean Frind s'arrêta sur cette conclusion péremptoire.

Le silence était total. Personne n'avait réagi. Pour combler le silence, Michel Baudu prit la parole assez lamentablement :

— Monsieur le président, naturellement, je ferai dès la semaine prochaine introduire une question nouvelle dans notre Baromètre Social. Je propose la formulation suivante : « Quels sont, à votre avis, les services de Hard-Top Incorporate qui manquent de hardiesse ? »

— Bravo, voilà de l'initiative ! Mais j'ajouterai une chose : nous allons commencer tout de suite. Nous avons assez réfléchi tous ensemble pour aujourd'hui et je ne compte pas vous faire phosphorer en pure perte. Dès cette nuit, la hardiesse commence. Fred vous a préparé quelques exercices pratiques à l'issue desquels nous verrons qui fait encore partie de notre entreprise, n'est-ce pas Fred !

Fred lui transmit alors le maillet qu'il avait posé sur sa table et que les participants regardaient avec suspicion.

— Voilà mon premier acte de hardiesse !

Il leva le maillet et pulvérisa le rétroprojecteur avant de fracasser le paper-board. Telle fut la colère du juste.

— Tout cela, c'est fini ! Agissez, et ne pensez qu'à la hardiesse ! A toi, Fred !

— OK, John, vous tous allez passer trois jours inoubliables. Cette nuit vous descendrez la rivière voisine dont les rapides sont très *exciting* à la lumière des torches. Demain vous montez à cheval sans préparation, *riding*, directement en forêt. Puis vous sauterez en parachute, avant de vous essayer à l'élastique. Vous vous nourrirez de « punaises des bois », le plat préféré des Papous, c'est excellent et plein de protéines. Ensuite petit exercice de marche sur les braises, *burning*, boxe française entre vous. John et moi serons avec vous et vous montrerons l'exemple. Et n'hésitez pas à cogner votre chef ! Hardi les gars.

Ils étaient tous médusés. C'était trop. Michel Baudu avait entendu parler de ces méthodes, mais il croyait que c'était pour les autres. Ils passèrent trois journées sans jamais penser, tout occupés à leurs frayeurs et blessures. Michel Baudu était à peu près indemne physiquement, mais effondré moralement. Trois de ses collègues allaient quitter l'entreprise : ils n'avaient pu surmonter leur terreur devant le vide ou le galop de chevaux énervés. De culture catholique, il se sentait en conflit avec tout ce en quoi il croyait, le bien, le mal. Il ne comprenait pas bien ces nouveaux discours. La hardiesse commençait mal, pensait-il, puisque personne n'avait osé objecter quoi que ce soit. Il prit donc une décision. En feuilletant le *Robert*, il avait remarqué un détail curieux et se promettait d'en faire part à la réunion des deux cents cadres de la maison, la semaine suivante.

Jean Frind et Fred Good refirent leur numéro, et, après le tonnerre d'applaudissements, Michel Baudu prit la parole.

— Monsieur le président, une seule question : quand on vous a proposé de prendre la présidence de Hard-Top, saviez-vous ce qu'était un hard-top?

— Pourquoi posez-vous cette question ? Effectivement, je l'ignorais, comme tous le staff du groupe informatique que je dirigeais. Mais peu importe ! Réagissez à ce que je viens de dire, et pas d'états d'âme !

— Monsieur le président, sauf votre respect, je fais l'hypothèse suivante. Vous avez donc dû consulter un dictionnaire. Je lis à la rubrique « hard-top » : « n. m. Toit en tôle amovible pour automobile. Anglicisme ». Et juste au-dessus du mot « hard-top », que vois-je ? Le mot « hardiesse » ! J'en conclus que c'est tout à fait par hasard que Fred Good et vous-même avez décidé arbitrairement d'en faire notre valeur ! Et nous avons échappé de peu à « harcèlement » ou « harassement », un peu plus haut dans le dictionnaire !

L'ensemble des cadres se mit à rire discrètement.

— Monsieur le Directeur des Ressources Humaines, il existe une bonne hardiesse, celle qui est utile à l'entreprise — il continua en martelant les mots et en criant progressivement —, et une mauvaise hardiesse, celle qui nuit à l'entreprise. Vous venez de montrer à tous la mauvaise. Vous avez mal agi, au revoir, monsieur.

Michel Baudu fut licencié. Il travaille désormais chez Brayer, le célèbre fabricant des cordes qu'on appelle « brayers ». Il a changé d'éthique : le bien, c'est ici la « bravoure ». Il n'a pas refait le coup du dictionnaire, malgré l'évidence.

Depuis, il a appris que, chez Hard-Top, la hardiesse avait envahi tous les vêtements et décors de l'entreprise, mais que personne n'émettait plus la moindre critique sur Jean Frind et Fred Good. La presse n'a rien dit de cet épisode car Hard-Top est un important annonceur. Au contraire, elle vante le caractère éthique de l'entreprise. Les ouvriers ont dû signer le code d'éthique proposé à tout le personnel, et, sur leurs chaînes de carrosserie, ils forment *hardiment* les courbes de nos toits ouvrants. Chez Brayer, la bravoure se décline aussi. Fred Good est venu aider Michel Baudu, sans rancune, pour trouver des mots d'ordre et des signes. Leur logo est sans peur et sans reproche ; et désormais leur temps est décompté en de multiples moments, qu'il appelle des « moments de bravoure ». Sa secrétaire s'y essaie, quotidiennement, sur son traitement de texte. Avec Michel Baudu, ils en rient de bon cœur.

Tel est aujourd'hui le management par les valeurs. Arbitraire, décrété sur le mode de la colère, mélangé à des pratiques sportives aussi métaphoriques qu'ineptes, soucieux de rentabilité et de performance. Les gourous se multiplient, toujours prêts à flatter le génie de patrons insensés. Il en est de plus sincères, pris au piège des valeurs comme ils le furent de la qualité, de la culture d'entreprise, du zéro défaut. Toujours ces notions s'étayent sur des problèmes réels de l'entreprise et dérivent, irrémédiablement, en suivant les voies éculées des recettes et des modèles. La morale s'y retrouve peu tant les pratiques qui sont mises en œuvre la défient en tous instants. Et pourtant, elle y sert d'argument sous le nom magique de l'éthique.

éthique de l'entreprise. Les ouvriers ont dû signer le code d'éthique proposé à tout le personnel, et, sur leurs plateaux de carrosserie, ils forment toujours les couches de nos fils ouvriers. Chez Braver la bravoure se décline aussi. Fred Croed s'est adjoint Michel Baudo, sans escale, pour trouver des mots d'ordre et des slogans. Leur logo est assez gai et sans reproche et désormais leur temps est décompté en de multiples moments, qu'il a appelés des « moments de bravoure ». Sa secrétaire s'y essaie quotidiennement, sur son traitement de texte. Avec Michel Baudo, ils en rient de bon cœur.

Tel est aujourd'hui le management par les valeurs. Américain, décliné sur le mode de la colère mythique, des pratiques sportives aussi métaphoriques qu'inertes, soucieux de rentabilité et de performances. Les gourous se multiplient, toujours prêts à flatter le génie des patrons inventifs. Il en est de plus sincères, mis au banc des valeurs comme ils le furent de la qualité, de la culture d'entreprise, du zéro défaut. Toujours ces notions s'ancrent sur des problèmes réels de l'entreprise et dérivent, inévitablement, en suivant les voies éculées des recettes et des modèles. La morale s'y retrouve peu tant les pratiques qui sont mises en œuvre la défont en tous sens. Et pourtant, elle y sert d'argument sous le nom magique de l'éthique.

3.

L’entreprise envahie par les éthiques

Notre société réagit à des vitesses différentes. La presse commence à évoquer un retour de la morale ; des textes tentent de distinguer dans le brouillard conceptuel ce qui est éthique et ce qui ne l'est pas ; l'Eglise reprend avec ferveur les considérations morales présentes dans la dernière encyclique de Jean-Paul II ; le monde médical s'interroge sur les limites de son pouvoir ; les journalistes rougissent de certains articles précipités en temps de guerre. Tout cela fait un frémissement. Un peu partout on marmonne le mot « éthique ».

La question morale se pose dans tous les aspects de notre existence, quels que que soient nos professions, nos vies privées et nos loisirs. Chacun, chez soi, avec sa conscience et celle de ses proches, tente d'élaborer quelques nouveaux comportements ou assiste impuissant à la dégradation des pratiques sans pouvoir formuler ce qu'il sent comme une exigence intérieure. Les mots lui manquent pour dire le bien et le mal, ces mots qui sont encore embarrassés par le discrédit dans lequel ils étaient tombés.

Pourtant, il est un lieu qui les revendique et qui, désormais, semble les accaparer. Ce lieu nous aurait semblé incongru il y a quelques années. Il est maintenant le point de fixation de nombreux enjeux et de nombreux débats : l'entreprise. Espace social par excellence, entité triomphante dans l'économie de marché, elle trahit les errances actuelles et notre difficulté à formuler de nouvelles exigences. Traverser l'entreprise est, en ces temps étonnants, une tâche nécessaire qui permet de comprendre l'évolution sémantique des mots anciens et l'impact qu'ils prennent soudainement sur les hommes. Sans ce voyage formateur, l'éthique nous échappe et le mot entame son chant des sirènes sur les bases d'un vocabulaire trompeur, extrait d'autres contextes.

L'entreprise est le lieu où s'orchestre avec le plus de conviction la valse des éthiques. En changeant d'employeur, les salariés vont passer de valeurs en valeurs, comme on circule de bras en bras, dans le tournis d'une danse ludique. Le terme « éthique » lui-même connaît une vogue étonnante, voire inquiétante, dans l'entreprise. En France, la littérature managériale restait assez pauvre sur ce thème ; en l'espace de quelques mois elle s'est soudainement enrichie. On y traite de la « vague éthique » quand il faudrait soupçonner l'éthique vague. Les entreprises cultivent depuis quelques années la « réactivité », c'est-à-dire la capacité à réagir ou s'adapter à des circonstances nouvelles. De multiples organismes prennent le pouls de la société (CCA, Cofremca) pour saisir les évolutions qui sourdent sous les marchés et s'apprêtent à les déterminer. C'est pourquoi les entreprises ont sans doute été les premiers acteurs sociaux à bien saisir la demande généralisée de morale. Elles tentent donc d'y répondre par le recours à l'éthique. Un tel sens de la vertu doit être situé dans la perspective des années quatre-vingt : au « bal des prédateurs » succède la « valse des éthiques ».

De l'indignité à l'excès d'honneur

L'alternance politique a de ces bizarreries qui ne laissent pas d'étonner les analystes de notre société. L'ère giscardienne s'achevait avec la difficile « revalorisation du travail manuel », l'ère socialiste commença avec la vibrante « revalorisation de l'entreprise ». Ma joie serait sans partage si la première avait connu les succès de la seconde, car elles étaient toutes les deux souhaitables. L'une aurait été pudique, l'autre est devenue indécente ; l'une serait restée anonyme, l'autre engendre les patrons stars. L'une se serait cantonnée dans des exigences salariales très modestes, l'autre affiche des fiches de paye parfois choquantes au nom d'un marché « du travail » concurrentiel. L'une aurait promu un ouvrier conseiller général, l'autre fait de Tapie le parangon du socialisme. Décidément, là aussi les repères s'en sont allés. L'une aurait été vraiment morale, l'autre débouche sur les éthiques.

Lieu de perdition, l'entreprise est devenue lieu de rédemption. Il faut suivre pas à pas cette évolution qui, en dix années, a marqué notre pays. En 1981, la gauche prend le pouvoir, encore gorgée de prévention vis-à-vis d'entreprises capitalistes composées d'exploiteurs et d'exploités. Les nationalisations consacrent l'idéologie, l'éviction de patrons scandaleusement rémunérés accomplit le rituel. L'Etat reste un modèle et l'emploi sera assuré à la fois par la création des postes de fonctionnaires et par la réintégration au sein des entreprises nationales de services ou d'activités indûment sous-traités au privé. Les nationalisations rampantes succèdent aux nationalisations galopantes. Les nouvelles nationalisées, par leurs effets d'entraînement connus des seuls programmes politiques, dynamiseront l'ensemble de l'activité économique. Exit le chômage, comme de bien entendu.

Un an plus tard, il faut se rendre à l'évidence. Le chômage ne diminue pas, l'inflation se confirme, les dévaluations commencent. Pas de catastrophe, mais un choix décisif : plutôt l'Europe que l'Albanie. La décision est aujourd'hui justifiée de tous côtés. Le CNPF parle même de « semaine sainte » pour évoquer ces jours heureux car elle débouche logiquement sur le rôle reconnu des entreprises en matière d'emploi. Et comme il est difficile d'insulter pour motiver et mobiliser, l'entreprise sera désormais courtisée. La Bourse commence à remonter et une constatation envahit l'opinion : notre capitalisme est d'un genre un peu particulier, plus un capitalisme d'entreprise que d'actionnaires. A la différence des Etats-Unis, par exemple, l'entreprise est bien, en France, une entité sociale qui a une existence propre — des dirigeants et des salariés — et qui transcende, d'une certaine manière, ses actionnaires. Le bilan trimestriel n'est pas son horizon.

A ce stade, l'évolution est très saine. Elle consiste en la reconnaissance lucide d'une réalité sociale et économique. L'entreprise est sortie de l'indignité qu'elle connaissait depuis le délit féodal d'emprise qui condamnait autrefois sa subversion de l'ordre établi. Cette évolution marque la transformation d'un imaginaire public plus que du marché lui-même. La lutte des classes prend un air archaïque, les discours l'oublient et ses partisans s'effacent progressivement du jeu politique. Dans un mouvement naturel, les médias glosent sur ce changement ; les commentaires cumulent leurs effets avec l'actualité qu'ils commentent et la presse amplifie le mouvement. De nombreuses revues fleurissent — *l'Entreprise, A pour affaires, Dynasteurs, Challenge, Tertiel, Stratégies* — qui toutes font l'éloge de l'entreprise en narrant sur le mode épique la saga des dirigeants.

Mais à la faveur des privatisations et de dérives multiples, les chefs d'entreprise, entrés discrètement sur la scène, se mettent à faire l'actualité. Les chaînes publiques et privées multiplient leurs apparitions. Les salariés se taisent, retrouvant le soir chez eux ceux qu'ils pensaient avoir quittés quelques instants plus tôt. De bruyantes affaires, des carrières fulgurantes propulsent l'entreprise au faîte de l'honneur. Dans le même temps, les syndicats se défont et leurs leaders tombent dans l'anonymat. La limite est franchie, nous sommes désormais dans l'excès.

Cette mégalomanie cultivée, depuis quelques années, nuit aux chefs d'entreprise. Certains s'étonnent même d'être flattés partout, approchés par des partis en mal de financement, privés d'adversaires sociaux — devenus nécessairement des « partenaires ». Tous n'ont pas su résister aux tentations ni échapper à l'outrecuidance. Les chefs d'entreprise ont vu leur ego terriblement sollicité. « Vainqueurs », « gagneurs », ils ont été encensés au-delà de toute raison. Leur charisme fait l'objet de séminaires, leur look est travaillé au sein des instances patronales les plus progressistes (Centre des jeunes dirigeants) — dans lesquelles voisinent coiffeurs, chirurgiens esthétiques et conseils en communication —, et de multiples consultants tentent d'accroître leur dimension en les persuadant qu'ils sont les uniques acteurs de l'entreprise. Sans généraliser le phénomène, il faut bien constater que, parmi les plus grands patrons, certains se font une légende de colères impitoyables, qu'ils prennent pour la colère du Juste alors qu'elles les situent dans la meilleure tradition des tyrans capricieux.

L'entreprise elle-même constitue maintenant un modèle trop adulé. Elle court des risques inutiles à se poser en modèle social. Elle envahit l'imaginaire et le peuple de métaphores excessives. Ainsi entend-on ici et là tel fonctionnaire affirmer que « l'Etat est une entreprise », tel ministre qu'il dirige une entreprise de neuf cent mille personnes, tel trésorier-payeur général que son entreprise comprend douze PME, tel proviseur que son lycée est une entreprise moyenne, etc. Dès lors, tous les raisonnements dérivent. On ne peut plus mobiliser un service public sans utiliser les termes de rentabilité, de marketing, de client, de projet d'entreprise. L'erreur est grave car il est toujours malsain de se tromper sur son identité. Pour avoir séjourné dans l'Etat et dans l'entreprise, j'y ai constaté une différence triviale : d'un côté les fonctionnaires dépensent l'argent qu'ils ne gagnent pas ; de l'autre, il faut gagner tout ce que l'on paye. Sans cette distinction essentielle, tous les concepts dérapent. La notion de client, par exemple, n'a plus le même sens, puisque, dans l'entreprise, c'est le client qui assure les salaires en fin de mois ; dans toute administration ou établissement public, c'est le budget de l'Etat, une fois pour toutes. Les régies ou administrations qui ont récemment changé de statut, comme Renault, France Telecom ou La Poste, commencent à sentir le changement...

Dans le milieu des années quatre-vingt, le mouvement était bien engagé : les entreprises, justement reconnues, pouvaient jouer un rôle social décisif. Elles ont souvent choisi d'autres interventions, plus soucieuses d'images que de réalité. Devenues modèles d'organisation, de mobilisation et de gestion, il leur restait à devenir un parangon de vertu. Le paradoxe réside dans le fait que les entreprises n'ont pas rempli la mission sociale qu'on attendait d'elles. Vincent Bolloré lui-même le dit sans sourciller : « Les entreprises françaises n'ont pas fait leur devoir en matière d'emploi. » Le mot « devoir » évoque la morale. Pourtant l'éthique d'entreprise est étrangement silencieuse sur cette question. Par essence consacrées à la production, elles ont choisi la séduction par la communication, le mécénat et maintenant l'éthique. Certaines le font en silence, d'autres, plus bruyantes, promeuvent la création de valeurs, moins audacieuse que la création d'emplois et plus gratifiante que la seule création de richesses. Cette évolution est plus complexe que la caricature ne pourrait le laisser penser car elle est le fruit de préoccupations très contradictoires qui font valser les éthiques, du cynisme le plus sordide à la réflexion morale la plus authentique. Le philosophe passe donc du respect pour les convictions d'un chef d'entreprise comme Olivier Lecerf au soupçon vis-à-vis de maints codes d'éthique édictés dans l'entreprise.

Par-delà les variations individuelles, il faut relier l'éthique d'entreprise au slogan « *Ethic pays* », qui en affirme la performance, notamment par le biais d'une image positive. En effet, depuis l'Antiquité, Hermès symbolisait le trouble statut des hommes d'affaires. Dieu des commerçants et des voleurs, il communiquait aux hommes une douteuse assimilation. Or, à parler froidement, le postulat éthique fondamental — rentabilité à long terme de l'honnêteté par exemple — revient à dire ceci : décidément, nous qui sommes en place et qui avons réussi, nous ne pouvons qu'être des hommes intègres, respectueux de valeurs fondamentales. Le cours moral du monde nous a consacrés. Les tricheurs sont toujours punis, car on les reconnaît comme tels. Nous sommes donc respectables. Mais l'universalité du postulat est inacceptable : nous savons tous que, dans l'entreprise comme dans le monde politique, des gangsters réussissent aussi. Il est vain de prédire leur perte prochaine et de l'attendre comme sanction immanente. Nous en connaissons de solidement installés, confirmés par notre justice même, toujours sensible aux pressions du plus fort.

Nier ce postulat relève du simple bon sens. Il reste que la réflexion morale ne peut être absente de l'entreprise : s'étayant sur plusieurs exigences nouvelles, l'éthique y apparaît comme un succédané trompeur, une mauvaise réponse à de bonnes questions.

Nouvelles questions et mauvaises réponses

L'entreprise est traversée aujourd'hui par des réflexions d'un nouveau genre qui dépendent étroitement de son statut particulier dans nos pays latins. Tel est le cas de l'identité, de la culture ou de l'âme, que scrutent avec raison des entités soumises à des changements rapides très divers. Ce sont des soucis légitimes car l'entreprise se définit par une singularité qui peut se perdre si on n'y prend garde : une croissance fulgurante, comme celle de Louis Vuitton, qui passe de soixante-dix millions à cinq milliard de chiffre d'affaires en dix ans ; une diversification stratégique, comme Legris-Industries, qui passe d'une industrie familiale du robinet à l'acquisition des grues Potain et à la constitution de quatre branches industrielles ; l'insertion dans un nouvel ensemble multinational, comme Aussedat-Rey, racheté par International Paper ; une succession de restructurations, comme en connaît la Générale sucrière ; des réorientations par rapport aux missions originelles, comme c'est le cas de GMF, passée de l'assurance des fonctionnaires à un groupe comprenant la FNAC et des activités bancaires, ou de la Caisse des dépôts et consignations, passée de la « Foi publique » à l'intervention sur des secteurs très concurrentiels. Ces transformations poussent à la réflexion pour mieux préparer les actions à venir. Après la mode fugace du *small is beautiful*, l'économie de marché voit s'accroître la concentration du capital. Désormais, nous vivons dans un monde de poupées russes : chaque structure en englobe de plus petites et s'insère dans de plus grandes. L'avenir est aux entreprises qui sauront respecter la personnalité de chaque unité d'appartenance et gérer au mieux son identité. C'est d'ailleurs souvent une pratique de type fédératif qui anime cette attention et permet à chaque unité de garder son âme. Dès lors, de vraies questions se posent : qui sommes-nous ? Qu'allons-nous devenir ? Qu'est-ce qui fait notre singularité ? Quelle est notre place sur les marchés nouveaux, voire dans le monde contemporain ?

Ces évolutions modernes posent des problèmes d'identité qui concernent tant la communication que la gestion des hommes ou la stratégie. Des entreprises préoccupées de ne pas perdre leur âme dans une compétition de plus en plus dure essaient de la sonder et de mieux connaître leurs forces et leurs faiblesses. Il faut mobiliser les hommes, les garder, les satisfaire et leur offrir un cadre de travail dans lequel ils se reconnaissent et s'investissent. Toutes ces réflexions sont parfaitement légitimes. L'actif essentiel d'une entreprise est en grande partie immatériel. En effet, au-delà du capital, des biens et des outils de production, il existe les hommes, les métiers, les marques, les traditions, les manières de faire, qui constituent l'héritage principal de l'entreprise. Et l'on sait bien aujourd'hui que les gadgets financiers ne suffisent pas à combler l'homme et ses désirs multiples. Mais si l'âme de l'entreprise mérite quelque attention, elle ne se réduit jamais au seul chef d'entreprise et met en jeu toute une collectivité de travail.

Par ailleurs, les responsables sont souvent confrontés à des choix de type moral. Le discrédit des discours et la dégradation des pratiques ne laissent pas d'inquiéter dirigeants et salariés. De nombreuses écoles de gestion forment des mercenaires, et, dans la guerre économique, la bataille est perdue si les hommes sont toujours prêts à trahir pour quelques dollars de plus. Il faut donner des lois à la jungle des affaires.

Mais, en France, nous avons une dangereuse manie : au lieu de rechercher dans notre culture, comme le font les Japonais, les réponses à nos questions, nous choisissons la traduction et l'importation plutôt que l'innovation enracinée. Ainsi, la plupart de nos modes managériales sont empruntées aux Américains. Cette attitude est d'ailleurs paradoxale : d'un côté, nous vivons un concept de l'entreprise très différent du néocapitalisme américain (ou anglo-saxon), et, d'un autre, nous empruntons aux Etats-Unis toutes les modes qui s'y traînent. L'éthique est la dernière en date.

En cette occurrence, l'éthique se manifeste dans trois directions principales : la *définition de missions* ; l'*octroi de valeurs* ; et plus généralement l'*éthique des affaires* qui régit les rapports avec l'extérieur ou le marché. Le tout est en grande partie subordonné à la communication interne et externe, qui ajoute un soupçon d'intelligence à l'ensemble. L'éthique d'entreprise est la plupart du temps le produit que la communication offre à la demande de morale des hommes.

Ainsi, pour caractériser l'identité d'une entreprise, on s'efforce de lui définir des *missions*. Le terme est ambigü, opératoire dans certains cas, totalement déplacé dans d'autres. On comprend par exemple que le rattachement à l'Etat se justifie par des missions dites de « service public ». Les définir est une tâche exigeante et urgente car l'accroissement de la bureaucratie obérait la mission. Il n'en est pas de même pour les entreprises privées. Certes, quelques-unes ont assumé ou accomplissent des missions authentiques. Personne ne peut nier les finalités originelles de Bayard-Presse dans l'édition et la presse catholiques — promouvoir une presse éducative et de qualité —, des centres Leclerc dans la période de reconstruction nationale — faciliter l'accès aux produits de grande consommation en se libérant des circuits de distribution inflationnistes — ou de Jacques Maillot dans la création de Nouvelles Frontières — le voyage pour tous. Il s'agit là d'aventures extraordinaires entamées au nom d'une certaine morale. Le concept de « mission » convient aux dirigeants de ces entreprises, souvent soutenus par la religion de leur enfance. Certaines mutuelles sont encore animées d'objectifs similaires. Mais, dans tous ces cas, les dirigeants actuels reconnaissent que les projets ont évolué : ils sont entrés dans une logique d'entreprise qui, sans contredire leurs missions initiales, leur interdit de continuer à s'exprimer dans les mêmes termes.

Leur discours serait d'ailleurs d'autant plus difficile à tenir que, dans leur foulée, maintes entreprises ont décidé de s'affubler de missions analogues, chargées de leur donner un sens au-delà du profit. Autant la question du sens est une vraie question, autant les projets d'entreprise — c'est-à-dire projets du chef d'entreprise et non projets de l'entreprise — sont souvent un rideau de fumée peu crédible dès lors qu'ils se donnent des atours missionnaires. Quand une entreprise de restauration collective s'arroge la mission de « nourrir les hommes », ou quand une industrie de la confection proclame que sa vocation est de « vêtir les hommes », l'outrance est vite perceptible : elle a pourtant cours, sous la double pression d'hommes de communication et de modes infantiles. Définir l'identité par la mission est bien présomptueux. Les entreprises ne sont pas des organisations non gouvernementales à statut caritatif (ONG). La recherche du profit n'est pas différence négligeable.

Là encore les procès d'intention sont délicats et inutiles. La communication fait toujours balancer l'interprétation entre le constat d'une conscience coupable ballottée par la méthode Coué et la perception d'un discours cynique convaincu que l'image transcende la réalité. A définir ses missions, on se croit ou on se dit missionnaire. Le projet implicite est clair : le salarié qui pose sa pierre sur le mur et y gagne sa vie doit avoir la conviction qu'il construit une cathédrale. L'éthique commence ainsi par un leurre sur les fins.

Mais, aujourd'hui, elle se caractérise surtout par une spéculation très pratique sur les valeurs. Il faut ici distinguer entre deux concepts qui se confondent : d'un côté, les valeurs importées, décrétées, imposées, de l'autre, les valeurs qui sont le simple enregistrement de pratiques historiques et qui décrivent avant tout le comportement des hommes au travail. La culture d'une entreprise est une sédimentation qu'elle maîtrise mal, et, passionné par ce monde, je sais bien qu'il s'y construit des modes de comportement et de représentation directement issus de l'histoire et du travail concret. La production n'est pas un travail neutre et aseptisé : une ouvrière de Louis Vuitton porte en elle l'imprégnation de la perfection, comme un sidérurgiste de Montereau la fascination, l'amour, voire le désir du métal en fusion.

Deux cas méritent donc d'être différenciés : l'affichage des valeurs et l'enregistrement des comportements. Les outils en sont très différents. D'un côté, la communication donne de la voix et multiplie les supports. Le résultat en est l'éthique de l'entreprise. De l'autre, la communication sourd en silence dans la mobilité des hommes et leurs amours multiples.

Il faut en fait opposer ces deux points de vue, de façon un peu simpliste, pour mieux les caractériser. L'âme ou l'identité d'une entreprise ne se construit pas dans le discours, elle s'éprouve dans les hommes qui font l'entreprise. La communication n'est qu'une superstructure idéologique, quelquefois utile, tandis que les hommes constituent l'infrastructure matérielle, toujours nécessaire. Aucune valeur n'a de valeur qui n'est portée dans le corps des hommes. Les vraies valeurs sont « insupportables » en ce qu'elles ne passent pas par des supports, mais par des voix, des corps et des désirs.

Je risquerais volontiers une hypothèse : plus une entreprise parle d'éthique, moins elle en fait ; plus une entreprise se tait sur l'éthique, plus elle en fait. Plus une entreprise multiplie ses codes, chartes et tous autres modes d'affichage des valeurs, moins celles-ci sont crédibles ; plus une entreprise se tait sur ses valeurs, plus on a la chance de les déceler dans l'histoire des individus qui la font et dans leurs comportements quotidiens. L'excès de discours reflète toujours la carence des pratiques. La seule formalisation légitime passe par la formation ou l'accueil des salariés. Et encore faut-il être prudent. Telle est la vraie moralité d'une entreprise qui rejoint la moralité de tous : ce sont les actes qui comptent et non les paroles. Seuls les actes supportent les discours, au point que l'on pourrait presque s'en passer si certains effets de taille n'induisaient un minimum de formalisation.

La critique porte ici sur « le management par les valeurs », qui procède d'une mécanique maintenant bien huilée. Le comité de direction ou le chef d'entreprise lui-même, souvent assistés d'un consultant ès-éthiques, identifient des valeurs. Ce sont quelquefois les leurs propres, quelquefois celles qu'ils déduisent abstraitement des métiers particuliers à l'entreprise.

Elles sont sélectionnées dans un vivier de valeurs dites de « réussite ». Certaines sont des contraintes obligées (la qualité, les hommes). Si l'on s'en tient là, on a quelques projets d'entreprises anodins comme il en existe beaucoup. Mais on peut aller plus loin et décréter des valeurs spécifiques. A cette tombola, les numéros qui sortent le plus souvent sont les suivants : *solidarité, responsabilité, droit à l'erreur, confiance, loyauté, intégrité, rigueur, effort, respect des hommes, courage, professionnalisme, écoute des autres, tolérance, subsidiarité, collégialité, honnêteté, transparence, autonomie, équité, développement personnel, perfection*.

Lorsque le choix est fait, la communication a une mission : « décliner ». Les tâches sont réparties entre services de communication interne et relations extérieures. Ils se délectent de ces contenus qui permettent toutes les variations sémantiques et sémiotiques. « Décliner » est sans doute l'impératif le plus courant de la communication interne. On entend par là le fait de traduire à chaque niveau de la hiérarchie ou dans les divers lieux de l'entreprise un mot d'ordre de la direction. « Déclinez » est une consigne ambiguë dont on devrait se méfier, tant ce verbe dit une dégradation insoupçonnée et signifie le sens descendant de la communication. La vraie et bonne communication « conjugue », elle ne « décline » pas. A l'extérieur, les publicitaires, quant à eux, sont chargés de construire une communication *corporate* et de « décliner » dans des messages sur supports divers, en direction des consommateurs et des candidats au recrutement.

Tout cela pourrait paraître un enfantillage. Mais les sommes investies montrent que les enjeux ne sont pas négligeables. La communication nous tend aujourd'hui des pièges redoutables, comme autant de leurres auxquels, avides de morale, nous risquons d'être pris. En ces temps de démoralisation, doit-on faire la fine bouche face à tant de vertus ? N'est-il pas injuste ou injustement polémique d'ironiser à ce point ? Non, car les hommes peuvent entendre et prendre les éthiques pour de la morale.

Ces éthiques sont toujours locales car elles servent à baliser un espace de pouvoir. Autant dire qu'un salarié, passant d'une entreprise à une autre, est incité à changer d'éthique et à modifier sa hiérarchie des valeurs. Mais quelles qu'elles soient et où qu'elles soient dites, nous y retrouvons l'affirmation *« Ethic pays »*. Elle est même le credo de l'éthique d'entreprise. Le long terme justifie des pertes sur le court terme. L'« adhésion des salariés » vaut bien cela. L'éthique est un nouvel opium du peuple. Elle en a toutes les finalités et vertus. Hallucinogène : elle propose l'entreprise comme un paradis artificiel ; dormitive, elle endort les consciences en les installant dans un système de valeurs décrétées ; anémiante, elle produit du consensus sur des valeurs présentées comme transcendantes ; aliénante, elle confisque l'identité des comportements au travail et les soumet à l'arbitraire des dirigeants. Si du marxisme il nous reste quelques résidus, il faut les chercher, je crois, dans la critique des manipulations idéologiques.

Au-delà de l'image, l'éthique révèle de nouvelles formes de domination dans l'entreprise. Si l'âme d'une entreprise se réduisait à cette éthique d'artifice, on comprendrait que Gilles Deleuze prenne pour « la nouvelle la plus inquiétante du monde l'idée que les entreprises aient une âme ».

En s'appuyant sur le déficit moral qui marque notre époque, dirigeants et conseillers pensent ainsi accroître la légitimité d'un pouvoir pour en faire une autorité — ne parlait-on pas jadis d'une autorité morale ? La préoccupation du long terme toujours annexée à l'éthique d'entreprise est congruente. Edmond Maire, dans un article sur ce thème, soupçonne ce même caractère : « Un dirigeant d'entreprise qui choisit à long terme se donne un côté messianique. Il choisit, parmi des avenirs possibles, celui qui correspond à son sentiment, à son tempérament, à ses intuitions profondes. Ce choix ne peut pas être vraiment communiqué et discuté. C'est donc un comportement qui risque d'être dominateur. »

La question que nous pose l'éthique d'entreprise est éminemment morale : où s'arrête le droit des dirigeants ? Les mêmes ont critiqué avec dégoût un paternalisme poussiéreux, qui imposent maintenant avec arrogance une éthique aux consciences. Le paternalisme désuet avait souvent le mérite d'une conscience droite et d'une reconnaissance personnelle. L'éthique d'entreprise accomplit et réalise la société « anonyme » au nom d'impératifs abstraits. Que signifie en effet ce nouveau droit que s'*arrogent* les entreprises de créer des valeurs ? Elles n'en créent que pour les imposer. Des questions simples existent, qui ne sauraient se satisfaire de réponses managériales : qui a compétence, dans notre société, pour créer des valeurs ? Au nom de quoi l'entreprise peut-elle s'arroger le droit d'affirmer ce qui est le bien et le mal ? Pourquoi des entreprises s'affublent-elles de missions illusoires alors que la recherche du profit leur a été socialement reconnue ? L'entreprise est-elle insulaire au sein d'un corps social ou d'un peuple qui a, en dehors d'elle, à définir sa morale ? Est-il moral d'essayer de mobiliser les hommes au nom d'un bien et d'un mal définis pour la plus grande gloire d'une entreprise qui pense le long terme ? Des hommes, devenus cadres le temps d'une vie professionnelle, ont-ils l'obligation, voire le droit, de signer des codes d'éthique valables dans l'entreprise ? D'où vient que l'entreprise veuille envahir les consciences au point de les soumettre à ses propres distinctions du bien et du mal ? Avoir une âme, est-ce posséder l'âme de ses salariés doublement possédés ?

L'éthique d'entreprise ressemble beaucoup au droit du plus fort critiqué par Rousseau dans des pages célèbres. Le plus fort ne se contente jamais de la force, il veut qu'elle devienne un droit. Comme le droit relève en grande partie du domaine public, seuls restent le bien et le mal pour le territoire de l'entreprise privée. L'éthique devient une stratégie de contrôle. Parole du sceptre, elle est « un galimatias inexplicable » : « S'il faut obéir par force on n'a pas besoin d'obéir par devoir, et si l'on n'est plus forcé d'obéir on n'y est plus obligé. » « Obéissez aux puissances. Si cela veut dire, cédez à la force, le précepte est bon, mais superflu, je réponds qu'il ne sera jamais violé. »

Dans la lettre d'invitation à un récent séminaire sur « La pratique de l'éthique des affaires » (6 604 F pour deux jours), on pouvait lire ceci :

« Monsieur le Directeur,

« Pour beaucoup de Chefs d'Entreprise les Affaires sont suffisamment compliquées pour qu'on ne vienne pas les gêner, en particulier avec des considérations morales.(...)

« Tel est l'objectif du présent séminaire : montrer sur des faits d'expérience ou des exemples concrets pourquoi et comment la conception et l'application d'un code déontologique devient l'atout majeur de la performance de l'Entreprise compétitive.

« Animé par de hautes personnalités, ce séminaire est délibérément centré sur les éléments d'un management d'Entreprise performant ».

Ce texte, qui n'est guère indigne et qui appelait à rencontrer des personnes très respectables, souligne bien toute l'ambiguïté de la démarche. Les « considérations morales » sont importunes, mais l'éthique est « performante ».

Il faut cependant distinguer deux sortes d'éthiques dans l'entreprise : l'une qui n'a rien de moral car elle tend simplement à expliciter des règles du jeu ; l'autre qui est immorale car elle a pour objectif d'embrigader les salariés dans un système de valeurs qui confond sans cesse le volontarisme et la réalité objective, ce qu'est l'entreprise et ce qu'elle souhaiterait être, le credo moral et la subornation psychologique.

L'éthique d'entreprise est au mieux « un égoïsme intelligent qui considère le long terme » (Serieyx). Au pis, elle est un outil de propagande. Dans tous les cas, les dirigeants « instrumentalisent l'éthique » (Christian Mellon), alors que la morale est d'abord une « interrogation ».

Ce n'est pas sans cynisme qu'on revendique souvent

l'affirmation d'une éthique. Il existe toute une gradation de cas : de ceux qui y croient ou feignent d'y croire à ceux qui revendiquent ouvertement le rôle de l'éthique face à la concurrence. Déjà l'on voit poindre des argumentations qui n'hésitent pas à constater que l'éthique est un élément du marché dont il faut se préoccuper. Cette nouvelle donnée avait déterminé la stratégie des entreprises en matière d'environnement ; elle s'étend maintenant au système des valeurs. Ainsi a-t-on récemment cru bon de créer un néologisme, très laid, avec le concept de « markéthique = marketing + éthique ». Son promoteur, professeur à HEC, ne cache pas ses intentions : « Ouvrons le markéthique par nécessité et par avantage. » Il s'appuie, pour ce faire, directement sur la concurrence : « Car à l'heure où la demande, dans ses tendances générales, est entraînée par la préoccupation éthique, une firme qui s'en éloignerait trop courrait le risque de sortir elle-même du marché. »

A ces considérations générales s'ajoute l'apparition d'un nouveau marché financier, le marché de l'éthique. L'expression surprend le moraliste. C'est maintenant une donnée économique non négligeable : des associations, des particuliers, des congrégations placent leurs liquidités dans des firmes sélectionnées qui sont par exemple désengagées du secteur de l'armement, n'ont pas d'intérêts en Afrique du Sud ou précisément développent une image éthique. Ainsi, dans le sillage des Etats-Unis, où ce marché représente plus de 350 milliards de dollars, les financiers ont décidé de prendre en compte cette dimension. Tel est souvent le rôle de la communication financière. Il faut savoir que l'indice baptisé « good money », créé aux Etats-Unis, a fait mieux que le

Dow Jones, résistant davantage au krach de 1987. L'éthique est donc un enjeu financier. Et l'on voit se développer en France, depuis plusieurs années, le nouveau marché des « OPCVM éthiques ».

En deçà des valeurs affichées et des comportements publicitaires, il est certainement bon de connaître les valeurs inscrites dans le comportement des salariés, comme il est toujours utile d'approfondir le savoir d'une entreprise pour en comprendre le fonctionnement et en saisir l'âme. Mais l'analyse des exemples de réussites en matière d'identité a souvent conduit à un volontarisme d'une tout autre nature. A travers les projets d'entreprise ou supports de communication interne, on s'est autorisé à affirmer à peu près n'importe quoi pour donner une dimension éthique à l'entreprise. Ce volontarisme aboutit souvent à des textes très plats dans lesquels s'expriment les valeurs individuelles qu'aime le dirigeant et qu'il veut faire partager.

La démarche n'est pas gratuite : elle tend à faire passer l'entreprise pour ce qu'elle n'est pas. Les valeurs sont de nouveaux outils de mobilisation. Elles tirent leur origine de cette illusion fondamentale selon laquelle le dirigeant serait l'âme de son entreprise. Sachant que le profit est peu motivant, que les outils de partage sont souvent insuffisants ou érodés, des dirigeants raisonnent de façon tout à fait idéaliste en affichant des vertus qu'ils pensent ou veulent originales. Or l'âme de l'entreprise ou sa culture sont autant le fruit du travail des hommes qui la composent que de celui qui la dirige. Le management par les valeurs multiplie les leurres : il reprend la fonction assurée par la messe du dimanche dans les industries textiles du Nord au siècle dernier. Les ouvriers y étaient contrôlés. A l'archaïsme d'une pratique religieuse molle, on a substitué la modernité d'une éthique mobilisatrice.

La communication à l'ouvrage

La communication succède à la langue, comme la meilleure et la pire des choses. L'éthique d'entreprise est devenue, avant tout, affaire de communication : la réalité y importe moins que l'image. Dans ce cadre, elle y développe à l'envi ses perversions en concentrant tous les efforts sur cette image : « L'image de Job-France ne peut être maintenue que dans l'application correcte de ces principes de conduite qui sont communs à toutes les sociétés Job dans le monde sous le nom de *business principles.* »

La communication pousse l'éthique vers l'immoralité. Elle proclame avec insistance qu'elle doit être un souci majeur. Mais elle confond bien vite les causes et les conséquences, les moyens et les fins. L'image est un fait objectif puisque l'imaginaire est le lot de tout homme. Il faut l'enrichir et non pas l'appauvrir. Mais l'image risque de trahir toutes les intentions. Composante de l'action, elle est à prendre en compte. Finalité unique de l'action, elle détourne les opérations. L'utilitarisme anglo-saxon, fondement avoué des zélateurs de l'éthique en entreprise, soumet tous les impératifs à des hypothèses cyniques.

Que signifie en effet cette variante : *honesty is the best policy*, naturellement écrite en américain ? Ceci, de façon explicite : « Celui qui triche une fois, dix fois... est repéré comme tricheur, ce qui peut le conduire en prison, ou au moins lui valoir la méfiance externe et la déloyauté interne qui tuent la compétitivité. » L'image vient corroborer le souci du long terme : « Car c'est une stratégie de haute performance qui donne les moyens d'une éthique exigeante, et vice versa. » On décrète ainsi qu'il est impossible d'avoir une intention morale. Nous retombons dans les présupposés explicités plus haut : cours moral du monde, versatilité de l'impératif hypothétique. Soyons un peu lucides : affirmer que l'éthique est si nécessaire pour réussir dans les affaires, c'est faire l'impasse sur les rapports de forces qui régissent aujourd'hui notre monde économique. On ne choisit pas toujours ses clients et ses fournisseurs, ses partenaires et ses adversaires. Beaucoup nous sont imposés par le seul jeu de la compétition et réussissent contre toute éthique, voire dans le formidable décalage qui s'instaure entre leur communication éthique et la pratique concrète de l'entreprise.

L'éthique telle qu'elle est présentée me semble la plupart du temps directement contradictoire avec la morale telle que le besoin s'en exprime aujourd'hui, à l'écart des intelligences manipulatrices.

Je ne saurais condamner toute stratégie d'image, mais il faut demeurer dans son ordre logique. Une image doit être cohérente et sa vérité n'est pas un choix moral. Toutes les entreprises ne sont pas belles à voir, et les plus belles ne s'exhibent pas nécessairement.

C'est pourquoi il convient de critiquer deux présupposés que tente d'imposer la communication triomphante : *l'image se maîtrise* ; *la communication est une garantie de vérité*.

Dès qu'on traite de l'image, il est utile de se référer à la tradition épicurienne, tant dans son vocabulaire que dans son contenu. Lucrèce, dans cette filiation, nous explique que tous les corps émettent des simulacres qui s'en vont frapper les organes visuels. Cette émission est ininterrompue, qu'on le veuille et qu'on en soit conscient ou non. Il n'existe pas, précise-t-il, d'erreurs dans la perception visuelle. Si la tour carrée paraît ronde, c'est que les écorces des objets sont rognées en traversant l'espace. L'émetteur ne peut donc maîtriser complètement son émission. Chaque position est relative et de multiples images sont émises sans cesse. Il en est de même pour les individus et l'entreprise. Les professionnels de la communication rêvent d'une image parfaitement maîtrisée, qui parvienne aux récepteurs telle qu'elle a été conçue par l'émetteur. Mais cela n'arrive jamais tant les récepteurs sont nombreux et tant les déformations sont multiples. On peut « cibler » sa communication sur une population particulière — étudiants, élèves des grandes écoles, segment de marché — , il reste que la modestie s'impose. L'éthique d'entreprise relève pour une grande part de cette illusion. Elle est sans doute l'image à laquelle s'applique le mieux l'acception moderne du simulacre. Tout est porteur de l'image, dit-on, mais le discours l'est moins que la réalité, la communication moins que les hommes. L'entreprise, dans toutes ses pratiques, émet des simulacres, c'est de nécessité. Dans cette émission, ses discours éthiques ne sont rien auprès de ses pratiques. L'heure est au leurre. Les voleurs de valeurs seront bientôt démasqués. L'entreprise a beaucoup mieux à faire : penser sa stratégie, connaître ses hommes, son âme, pour en faire son support essentiel, souvent insupportable aux hommes de communication et de discours ou d'images.

La communication sur l'éthique est un rêve de maîtrise. Le destin de l'entreprise n'est pas dans une rhétorique modernisée par des supports sophistiqués mais dans ses actes concrets

Nos idéalistes cyniques prétendent que la communication est l'assurance de la vérité. Selon l'argument utilitariste, elle ne tiendrait la distance que par la vérité. Cette assertion est sans doute juste. Elle suppose que chacun se préoccupe de la distance et que l'amnésie soit exceptionnelle. Il existe un Bureau de vérification de la publicité (BVP), il n'existe pas de Bureau de vérification de la communication. Le mensonge n'est pas l'exception. L'éthique y est donc parfaitement possible, quitte à en changer si nécessaire : la communication de l'éthique n'enveloppe pas une éthique de la communication. Au contraire, elle est sans doute la plus suspecte car elle mélange allégrement le descriptif et le volontariste. Prenons l'exemple d'un grand groupe français, dans le secteur des services. Dans le chapitre « comportement et règles de conduite » du code éthique interne alternent des préceptes moraux de nature générale sur l'exemplarité du management ou le respect des hommes — quel groupe aujourd'hui ne proclame pas le « respect des hommes » ? — et des affirmations qui ressemblent au catéchisme d'un premier communiant naïf : « Je sais que les rentes de situation n'ont pas cours dans mon Groupe. » Un autre exemple du même type nous est fourni par le projet d'entreprise Gringoire-Brossard (1985) : après l'énoncé des valeurs et volontés, le texte s'achève par l'affirmation suivante : « Nous sommes fiers d'appartenir au groupe Gringoire-Brossard. » Aux impératifs éthiques sont mêlées des affirmations sur le groupe qui ne demandent qu'à être éprouvées dans l'expérience. La fierté est le résultat d'une gestion, elle ne saurait être affirmée comme un principe auquel chaque salarié devrait soucrire. On se prend parfois à évoquer la Corée du Nord !

L'éthique d'entreprise est donc bien souvent un obstacle à toute moralité. La morale d'hier est en partie tombée sous l'accusation d'hypocrisie : on y dénonça le grand écart entre les discours et les actes. Les éthiques d'entreprise tendent les verges pour se faire battre. Notre besoin de moralité n'attendra pas la critique rongeuse des souris, il attaquera de front les discours insensés. Croyant répondre au besoin de morale, les éthiques seront bientôt fustigées par l'exigence morale elle-même. Celle-ci croit en l'exemple plus que dans la communication. Laissons les exemples agir, ils émettront des images efficaces, indubitables comme le sont les corps et l'âme des hommes mis à nu par leurs actes. Il n'est pas certain que les confusions décrites soient objectivement pensées et mal intentionnées. La plupart du temps, on pourrait seulement soupçonner un manque de rigueur conceptuelle et des distinctions maladroites entre le descriptif et le prescriptif. De plus en plus souvent, des dirigeants d'entreprise croient avoir une légitimité en matière morale. Dans les plus tristes des cas, l'hypertrophie de l'ego leur fait un devoir de cet engagement éthique. Mais, une fois encore, les procès d'intention sont inutiles. Le résultat est là : à la dérive morale succède une dérive de l'éthique sous l'effet de l'éthique proclamée. Le patron éthicien est un monstre social, produit par le curieux hybride d'une compétence économique reconnue et d'une vocation morale revendiquée. Si le cours du monde était moral, la sélection naturelle jouerait son rôle ; comme aucune raison rationnelle ne pousse à penser qu'il l'est, les hommes risquent tous de devoir se plier aux éthiques locales. C'est pourquoi « démystifier la mode envahissante du *tout-éthique* est une tâche nécessaire » (Christian Mellon) qui relève d'une démarche morale.

Valeurs ou leurres

Tout texte est-il cependant injustifié dans l'entreprise ? L'erreur principielle réside, comme c'est souvent le cas, dans l'application des recettes de communication et de management. On ne peut jeter le discrédit sur toute charte, tout code, tout principe d'action ou tout projet d'entreprise. Chaque entreprise doit adapter elle-même ses moyens à ce qu'elle est et à ce qu'elle veut être. Mais son être et son désir engagent toute une collectivité et je connais peu de désirs qui se satisfassent par des moyens uniformes. L'affichage d'un texte doit toujours naître d'une carence de l'oral. Les effets de taille ou la succession des générations peuvent justifier quelque formalisation. Mais, en matière d'éthique, seuls comptent les actes effectifs de l'entreprise et de ses hommes. Dorénavant, tout cas est singulier et tout problème se résout de façon différente. Dans l'entreprise, les ennuis naquirent toujours de l'uniformité.

Un exemple récent corrobore cette affirmation : un grand groupe de distribution français de très bonne réputation a souhaité, sous l'influence de la mode, faire signer à tous ses cadres un code d'éthique. Ce code n'avait rien de scandaleux : il répertoriait quelques principes appliqués depuis longtemps dans l'entreprise. Mais la coercition et l'engagement qu'il supposait ont révolté l'encadrement : le texte revint souvent avec la mention rageuse : « Cela fait trente ans que j'applique ces règles morales de conduite, je trouve insultant de me contraindre à signer un tel engagement. » La saine réaction de ces cadres montre une maladresse plus qu'une perversion de la direction.

C'est pourquoi il faut être très prudent en matière de charte ou de code. S'il s'agit de définir une mission de service public lors de la création d'un établissement, comme ce fut le cas à la Cité des sciences et de l'industrie (musée de la Villette), la charte est une nécessité car les salariés eux-mêmes demandent des éclairages sur le sens de leur action. Cette charte a d'ailleurs été largement élaborée avec eux. Le succès se mesure au redressement d'une institution traversée par de multiples crises avant l'arrivée de Roger Lesgards.

Autre exemple : la croissance de Louis Vuitton et l'intégration de deux mille quatre cent trente salariés nouveaux sur deux mille cinq cents en dix ans obligeaient Henry Racamier à un travail fondamental sur l'identité de l'entreprise pour éviter qu'elle ne se dissolve ; il fallait qu'elle passe par les hommes et pas seulement dans les publicités. La « Charte de Louis Vuitton malletier » se fonde entièrement sur les pratiques des ouvrières et les qualités spécifiques des produits. Parler de goût de la perfection, de solidité, de toucher, de finition, de création de formes nouvelles est très différent d'un discours général qui aurait des prétentions morales imposées à tous les salariés. Or, la plupart du temps, l'éthique met les concepts à l'envers. Imposée du sommet, elle s'applique aux pratiques des hommes de façon autoritaire. Si l'éthique consistait avant tout à mieux connaître les comportements des femmes et hommes qui ont fait et font l'entreprise dans son histoire et ses produits, elle serait inattaquable. Le sens — dans l'acception vectorielle —, de haut en bas ou de bas en haut, modifie profondément le code, la charte ou le projet d'entreprise. Le discours moral ne relève pas du chef d'entreprise : la prise en compte du travail des hommes est d'un autre acabit.

On pourrait également prendre pour exemple les fameux « Principes d'action » des Ciments Lafarge. Sans conteste, ils enregistrent, avec précision, la réalité même de l'entreprise et les préoccupations, de nature presque religieuse, affichées par ses dirigeants successifs. Ils peuvent cependant devenir dangereux si l'entreprise évolue en un sens différent difficilement maîtrisable. Si leur rôle est d'imposer un respect, il faut s'assurer tous les jours qu'ils correspondent bien à la réalité mouvante. Les écrits constituent toujours un danger redoutable en ce qu'ils figent les concepts. Mais reconnaissons que les convictions d'Olivier Lecerf, ex-président de Lafarge, ne sont en rien issues des entreprises lorsqu'il écrit, dans leur article 12 : « L'amour du prochain est l'une des qualités la plus fréquemment reconnue aux dirigeants les plus performants. » L'amour du prochain se pratique et n'est communicable que dans la pratique. Ce sont d'autres instances, véritablement transcendantes, qui l'imposent aux consciences. L'entreprise n'est pas le lieu d'une révélation morale.

En fait, les éthiques contredisent presque toujours la moralité : dans leur principe, car elles sont presque uniquement déterminées par l'image ; dans leurs modalités, car elles trahissent la plupart du temps les pratiques effectives. L'entreprise n'a pas à se soumettre à des impératifs qui ont un air de transcendance mais dérivent en général des fantasmes d'un chef ou de ses communicants. Les *valeurs* marchandes ne sont pas des *valeurs* morales : ce jeu de mots inconscient anime la vogue des éthiques.

Bien sûr, l'entreprise n'échappera pas au grand débat moral. Au contraire, elle y participe déjà pleinement. Mais elle y participe en tant que ses acteurs sont doués d'une conscience morale ou appartiennent à la cité. Sans doute Alain Minc a-t-il tort lorsqu'il enferme l'entreprise dans le strict respect de la légalité : « Ce n'est pas au chef d'entreprise de fixer l'éthique de sa société : c'est à la loi (...). Sa morale professionnelle est obligée : la loi, toute la loi, rien que la loi. » Il a sans doute raison d'imposer le minimum exigible, si son pessimisme le conduit à penser que ce ne serait déjà pas si mal. Mais la légalité n'est pas la moralité. Dans l'entreprise se posent des questions de comportements et de moralité. Elles sont d'autant mieux résolues qu'elles le sont dans la discrétion, à l'écart de toute communication tonitruante.

Il faut d'abord plus de logique et plus de pudeur : le problème moral ne se pose que dans la responsabilité. On a tort, dans quelques entreprises, de poser la responsabilité comme une valeur parmi d'autres. Elle est en effet au principe des choix. Il n'y a de morale possible que là où il y a liberté ; elle n'intervient que dans les choix. C'est pur cynisme que « décliner » des valeurs auxquelles sont censés adhérer des femmes et des hommes déresponsabilisés. Miroir aux alouettes, l'éthique feint cette responsabilité. Or toute la gestion des hommes est en jeu. De même qu'on ne peut répéter à l'infini « exprimez-vous, exprimez-vous » sur le mode impératif pour recueillir les suggestions des cercles de qualité, de même on ne propose pas des valeurs à des hommes qui n'ont pas de choix à faire. Toute collectivité peut rêver d'avoir des hommes et des femmes responsables ; encore faut-il en prendre les moyens. La proclamation des valeurs outrepasse les droits des dirigeants ; elle devient sinistre quand ils les imposent à l'imaginaire d'êtres sans responsabilités, pour donner une image positive à l'intérieur comme à l'extérieur. La morale commence avec l'ouverture des choix, en deçà toutes les éthiques sont immorales.

On objectera peut-être que l'éthique s'adresse aux cadres ou aux personnels dotés d'un pouvoir économique. Ce raisonnement est très dangereux car il institue une forme très perverse de ségrégation ! Les entreprises ont besoin d'unité alors que, très fréquemment, on y déplore des lignes de fracture inutiles en fonction des frontières hiérarchiques. L'éthique y jouerait un bien mauvais rôle si elle devait cimenter l'encadrement pour mieux le distinguer des autres travailleurs. En fait, il n'existe pas de management par les valeurs : il n'est qu'un management par les hommes et pour les hommes. Tout le reste est fantasme, recette et manipulation.

L'éthique d'entreprise souffre d'un défaut initial qui tient à la nature même de la morale. Cette dernière est d'abord un questionnement, une interrogation. Dans une entité donnée, qu'il s'agisse de l'entreprise, de l'école ou de la famille, la démarche morale reste nécessairement critique. Or, dans l'entreprise, elle est conçue dans un processus d'adulation.

Curieusement, les questions morales sont peu abordées par les éthiques, danseuses des dirigeants en mal de valse. Nous pourrions en suggérer quelques-unes. Quelle valeur morale ont les inégalités salariales dans l'entreprise ? Quelle importance donne-t-on à l'accueil des handicapés ? Le fait que le législateur ait dû imposer une loi avec ses quotas est, sur ce point, très significatif. Quelles informations diffuse-t-on au personnel ? Que signifie le droit à la colère humiliante que s'attribuent certains présidents ? Quelles sont les pratiques effectives en matière de recrutement ? Toute évaluation doit se concentrer sur le détail des actes et non sur le contenu des discours. La morale se jouant entre les hommes, le recrutement en est un bon exemple.

Ayant interrogé de nombreux dirigeants, je leur ai demandé des exemples de choix de type purement moral, abstraction faite de toute considération d'image ou de finances. Les réponses furent laborieuses tant la communication s'est ancrée dans leurs esprits. Honnêtement, ils ont éprouvé de réelles difficultés à s'extraire des questions d'image. Cependant, les exemples trouvés ont toujours concerné les hommes : un licenciement difficile, le refus de sous-traiter une activité pourtant moins coûteuse à l'extérieur, l'aide personnelle à un salarié dans la difficulté, etc. L'interdiction de la corruption active ou passive ne leur semble jamais un impératif moral : c'est une règle de saine gestion. Et là, je soupçonne davantage la sincérité des réponses car, à les entendre, la corruption n'existe pas dans leur entreprise et ils refusent tout marché qui passerait par des bakchichs !

Francis Mer, président d'Usinor-Sacilor, suggère une interrogation qui pourra servir d'exemple : qu'en est-il du mécénat ? On conçoit bien qu'une entreprise entame des actions de communication en fonction de ses objectifs propres. Mais, dans le mécénat, elle investit des sommes d'argent qui ne sont pas directement consacrées à la production. De quel droit décide-t-on par exemple d'aider tel artiste ou telle organisation humanitaire ? Peut-être la morale consiste-t-elle alors à ne pas mélanger ses convictions personnelles et l'argent de l'entreprise. On pourrait penser que l'action humanitaire n'est morale que dans le silence qui l'entoure. Dès qu'elle est exploitée, elle perd sa valeur propre. Mais même à cette condition, est-il permis d'engager des fonds pour soulager sa conscience ou s'en donner une bonne, sans avoir l'agrément des salariés ou de leurs représentants ? Car, après tout, ils ont produit cette richesse, et sa distribution gratuite et généreuse doit être aussi leur fait. La valeur morale ne réside que dans leur décision de responsables. Pourquoi ne les y associe-t-on pas d'ordinaire ? La valeur morale d'un tel soutien en serait accrue s'il résultait d'une décision de l'entreprise comme collectivité plutôt que du caprice généreux d'un seul homme.

Il n'est pas certain que toutes les questions morales appellent des réponses identiques, mais il faut les poser et, si possible, les faire partager. Une entreprise doit-elle contribuer au financement de la cathédrale d'Evry ou d'une église à La Défense ? Vincent Bolloré le fait dans le premier cas, persuadé que son image de patron catholique l'y oblige moralement. Francis Mer s'y refuse, dans le second cas. Il ne peut mélanger sa foi, conviction personnelle, et les finances de son entreprise. L'interrogation morale n'appelle pas ici de jugement. La différence entre une entreprise privée et une entreprise possédée par l'Etat peut y jouer un rôle. Mais le débat existe. La morale exige qu'il soit soulevé.

Il serait erroné de penser que le problème moral ne se pose qu'aux dirigeants. Les salariés et leurs syndicats sont autant concernés. En donnant l'exemple de la menace de grève à EDF ou de la grève effective des pilotes de l'Airbus A-320, Edmond Maire incite à la même réflexion morale : la défense des intérêts catégoriels ou corporatistes peut être immorale. Elle repose sur un postulat qui est faux : « L'amélioration de la situation des salariés des services va dans le sens de l'intérêt des usagers. » « On sait les limites de ce raisonnement », conclut Edmond Maire. Par-delà les luttes syndicales ou politiques, il est désormais nécessaire de susciter des interrogations morales. Car la grogne contre les grèves et la rancœur des usagers et clients vont au-delà des incommodités, elles prennent de plus en plus une dimension morale. Leur formulation est souvent maladroite car, dans le domaine public, on ne sait plus raisonner en ces termes. On laisse toujours à un tribunal le soin de trancher en fonction du droit. Notre exigence ira désormais plus loin. On voit bien dans un tel cas qu'il serait ridicule de vouloir codifier des limites ; l'interrogation doit être suscitée au coup par coup. Toute écriture de limites serait scandaleuse et dangereuse. Nous devons apprendre à raisonner autrement, dans la vie quotidienne ; que nous soyons dirigeants ou salariés, nous sommes des consciences. La fin d'un lexique pénétré de lutte des classes supprime les mythes de consciences hétérogènes.

« L'entreprise, comme toute société, est à la fois coopération et conflit, cohésion sociale et divergence d'intérêts » (E. Maire). L'éthique d'entreprise voudrait aboutir à un consensus sur des valeurs décrétées auxquelles il faudrait adhérer ; c'est son erreur. Elle doit tenir compte des intérêts objectifs différents, voire divergents. Dans le cadre de ses intérêts propres, chaque partie peut entamer un questionnement moral lors de tel ou tel choix, même si tout choix n'engage pas nécessairement un débat de cette qualité.

La morale peut et doit se substituer au goût des éthiques multiples. Pour le confirmer, il faut d'abord régler un problème de traduction. La « business Ethic », est avant tout une série de règles de conduite, c'est-à-dire un règlement intérieur. En tant que telle, il ne faut lui affecter aucune moralité. Elle exerce une grande fascination sur les entreprises françaises car le régime des sanctions est beaucoup plus draconien aux Etats-Unis qu'en France : là, la faute est affichée pour servir d'exemple ; ici, le licenciement est déguisé pour ne pas provoquer de remous. L'interdiction de la fauche dans les hypermarchés, des détournements de matériel, des corruptions déguisées, de la divulgation de secrets ou du harcèlement sexuel sont des règles de saine gestion, guère critiquables. Ce ne sont pas des questions morales car elles ne sont pas posées, les réponses étant déjà toutes faites.

Il en est de même pour ce qu'on appelle aujourd'hui l'« éthique des affaires », qui concerne davantage les relations avec l'extérieur, partenaires commerciaux, fournisseurs, clients, etc. Les règles édictées sont de pure gestion. Le problème moral commence au-delà, lorsqu'on risque de faire périr un sous-traitant ou qu'un délai de paiement va faire tomber un client. Ces questions sont laissées de côté si elles mettent en cause l'efficacité économique.

L'entreprise est un lieu de passage, pas le lieu de la vie. Notre existence individuelle s'y joue partiellement, notre conscience y séjourne. Nous pouvons attendre des entreprises plus de discrétion sur les valeurs dans les discours et plus de responsabilité dans les actes eux-mêmes.

Un exemple : l'absence du discours éthique chez Michelin

L'âme des entreprises étant toujours rebelle aux recettes, il serait contestable de proposer des modèles. Je ne peux donc ici qu'indiquer un exemple, pour montrer qu'il est très possible de vivre des valeurs sans les subsumer dans une éthique bruyante.

Toutes les entreprises ne jouent pas au « management par les valeurs ». A l'abri des modes, certaines puisent dans leurs pratiques, quotidiennes et souvent historiques, les repères dont ont besoin les hommes pour travailler et faire vivre leur entreprise. Tel est le cas de la Maison Michelin, dont l'âme a toujours été rétive aux modèles qui se succèdent sur le marché des idées managériales.

Peu importent les concepts d'éthique et de morale, Michelin fonctionne et persévère dans son être sans aucune instance transcendante. Tout impératif qui viendrait *d'ailleurs* y est discrédité parce qu'il ne dérive pas de l'expérience. Le mot d'*impératif catégorique* aurait, pour son patron, des connotations *fascistes* ou *totalitaires*, dès lors que l'entreprise l'appliquerait, de façon autoritaire, à ses hommes. Michelin est tout entier dans l'immanence : les comportements ne sont pas réglés par des valeurs proclamées, un projet affiché, une image médiatisée ni des principes d'action communiqués. Les valeurs ne sont pas idéalistes, au sens où la métaphysique entend ce terme. Ce ne sont pas les idées d'une autorité menaçante ou d'un Dieu thétique qui mènent le monde de l'entreprise, c'est le client, et plus précisément le *service du client*. Cette notion dépasse les clivages sots qui opposent, dans la relation au client, le contact immédiat du prestataire de service et le rapport médiatisé de l'industriel

Le client : concept crucial, croix de l'entreprise, destin de ses produits, horizon de ses regards. Cette notion est pourtant équivoque. Pour qui fréquente d'autres mondes, ceux de la philosophie ou de l'Etat par exemple, le client semble une préoccupation naturelle de toute entreprise. Très vite apparaît cette étrange réalité : rien n'est moins vrai dans la plupart des lieux de production. Des ingénieurs aux chercheurs, des fonctionnels aux financiers, l'entreprise s'éclate souvent en actes et textes divergents qui oublient ce personnage dérangeant. Pour Michelin, le client est le principe de l'absence de principes : tout commence et finit par lui. La notion perd sa banalité si on l'approfondit et la développe. Le client fait vivre la Maison. Consommateur final ou producteur industriel, il attend un service et un produit. Tout cela semble évident, comme le bon sens.

Mais ce serait trop simple. Chez Michelin le client

est le seul impératif. Il impose le respect et tient en respect l'entreprise et tous ses acteurs. Le respect du client est un mobile rationnel, le seul sentiment rationnel que chaque salarié est censé déduire de son expérience propre. Le respect, c'est la *qualité du service*, ce qui s'appelle, dans les langues moralisatrices, l'*honnêteté*.

C'est pourquoi il ne faut pas mélanger les genres. Certaines entreprises se structurent et s'organisent en appliquant le concept de client à leur fonctionnement interne : telle usine est cliente d'une autre, tel prestataire commercial est client du producteur industriel. Cette expérience ne peut réussir chez Michelin. Le client est toujours ailleurs, à l'extérieur, il est un horizon qu'il faut toujours poursuivre. Le situer à l'intérieur revient à confondre le moyen et le but. Le client est *l'autre*. Il faut à la fois ne pas simuler une relation client-fournisseur à l'intérieur même de la Maison et tout faire cependant pour que l'autre, le client par nature étranger, soit toujours présent aux consciences comme il l'est dans la réalité économique. C'est lui qui décide et qui procure la paye en fin de mois.

Encore faut-il nuancer ce point de vue. Aucune unité ne peut fonctionner comme cliente d'une autre, mais le client n'est pas seulement une notion économique. C'est aussi un *principe d'universalité*, mais ce n'est pas un principe abstrait. La nature même des produits fait de chaque salarié un client potentiel et souvent réel de la Maison. Le salarié et l'homme qui achète se confondent donc dans cette notion de client, qui prend une dimension beaucoup plus générale : cercle vertueux dans la substitution des rôles, c'est aussi un cercle de qualité. L'implication historique des salariés dans les tests d'usure et de qualité, dans la réponse locale aux demandes exceptionnelles, en est le signe : le client est la manifestation de l'homme pour l'entreprise. L'humanisme est un concept économique. De même, le respect des individus dans tous les actes du recrutement — moment si valorisé dans la Maison — revient à considérer le candidat à la fois comme homme et comme client : nul cynisme dans le comportement des recruteurs — des hommes de la maison — puisque le client et l'homme sont une seule et même chose.

Le prochain de l'entreprise, c'est le client, c'est le plus proche, celui dont j'ai besoin et dont j'ai besoin qu'il ait besoin de moi. Nous appellerons *client* l'avatar de l'*homme* dans l'entreprise. Si les hommes ont tant d'importance dans la Maison, c'est que le client et l'homme signifient la même chose : deux aspects d'une même réalité.

Mais dans l'entreprise, la consécration morale et religieuse n'est guère nécessaire. L'homme apparaît dans son urgence économique. L'entreprise est peut-être une pédagogie pratique du prochain. Il n'est pas étonnant que l'entreprise se substitue parfois aux pouvoirs publics ou locaux défaillants : la maternité, les écoles, la clinique complétaient un service déterminé par le respect des hommes.

Dès lors, on conçoit que toute expression en termes de rapports de forces offusque la conscience de la Maison, qu'il s'agisse de la concurrence ou des rapports sociaux. Dans les deux cas, nous avons affaire à de l'idéologie. Le cas n'est pas différent pour les valeurs qu'on voudrait imposer aux comportements individuels, nous demeurons dans l'idéologie. La Maison ne peut avoir d'ambitions monopolistiques. La concurrence ne doit pas être envisagée comme un rapport de forces négatif, elle est saine émulation. Elle se déduit simplement du principe toujours recommencé : elle garantit la qualité d'un service pour le client. Le monopole privé n'est pas moins condamnable que le monopole étatique.

De ce fait, l'homme doit être confronté à la réalité concrète de l'homme. C'est dans cette expérience qu'il acquiert les comportements les plus pertinents. Traduction dans l'entreprise : le salarié doit être confronté à la réalité concrète du client. Traduction dans notre société : les entreprises doivent être confrontées à l'unique réalité des hommes qui les composent et qui leur achètent. C'est pourquoi Michelin tient un discours à distance de toutes les organisations syndicales, qu'elles soient ouvrières ou patronales : celles-ci mettent un écran entre la réalité empirique impérative et les hommes. Elles y mêlent discours idéologiques et enjeux de pouvoir : le client disparaît au loin, la société devient partiale, la réalité de l'entreprise partielle.

On comprend mieux que le discours de Michelin ne soit jamais polémique. Il ne se nourrit ni des prix d'excellence ni des repoussoirs, qu'ils soient publics ou privés. La Maison s'affirme dans sa positivité et déteste le discours qui passe par la négation des autres ou la projection infinie des images, narcissiques ou flamboyantes. Dans l'entreprise, il faut d'abord regarder son guidon, plutôt que de regarder ailleurs pour ironiser ou s'extasier, plaire ou séduire. L'entreprise est en fait le lieu d'une révélation qui ne vient pas d'ailleurs. L'entreprise est une école dans laquelle chacun peut et doit apprendre ce qui lui permet de vivre avec les autres.

Le client est *étoile polaire*, pour reprendre la métaphore la plus souvent utilisée. Il annonce une bonne nouvelle : l'homme est là, dans l'urgence et la nécessité. Le client est l'idée régulatrice : condition de toute organisation et de toute action. Face aux décisions qui concernent les hommes et les structures, les prix ou les produits, il faut regarder l'étoile polaire et suivre l'idée régulatrice. On pourrait concevoir une formation professionnelle faite de jeux en forme de choix : appliquez le principe du client et la réponse viendra d'elle-même.

Ces remarques montrent une grande cohérence dans l'analyse : le pragmatisme se conjugue avec l'empirisme, et les comportements avec les impératifs concrets.

Certes, une ambiguïté réside dans le concept même de client : sa platitude apparente induit une mauvaise compréhension des enjeux les plus fondamentaux et peut le réduire à sa seule dimension commerciale. Il faudrait peut-être trouver un autre mot pour exprimer le fait que le client est d'abord exigence d'un service au cœur même de l'activité industrielle. C'est impossible chez Michelin car il y fait partie de la langue. Les bibs ne parlent pas l'esperanto. Plus qu'un néologisme ou qu'une invention qui échappe à l'histoire de la Maison, il faut comprendre ce va-et-vient de l'homme au client et du client à l'homme.

Il faut donc éviter des démarches éthique ou morale aux atours volontaristes et proscrire une métaphysique prompte à plaquer des étiquettes. Le « management par les valeurs » est une formulation bien exotique. A Clermont, l'humanisme a d'autres traits. On ne se paie pas de mots. On y parle peu d'éthique ! Sans faire de cette entreprise un modèle, et par-delà les aléas conjoncturels, on peut y voir un exemple significatif.

Le respect des hommes et ses indicateurs

Il serait présomptueux d'évaluer moralement une entreprise. Les investisseurs sur le marché financier « éthique » le font par profession, mais mon propos ne concerne pas la communication financière. Cependant, à défaut de jugements normatifs, il existe des signes qui ne trompent pas et sont de bon augure, tandis que leur absence laisse inférer le contraire. La question morale tourne beaucoup autour de l'affirmation répétée : le respect des hommes est pour nous une priorité. C'est donc dans cette direction qu'il convient de chercher des indicateurs pertinents. On pourrait évoquer le bilan social, les budgets de formation ou le turn-over. Mais les chiffres, derrière leur objectivité apparente, obèrent un contenu plus significatif. Il est plus intéressant de rechercher des indicateurs qualitatifs.

Le premier concerne le mode de gestion des hommes. Si la morale dans l'entreprise passe avant tout par les hommes, le poids de la direction des ressources humaines y est toujours significatif. « L'importance des hommes dans l'entreprise » est aujourd'hui le poncif de tout rapport annuel et de toute plaquette institutionnelle. Mais, une fois encore, le décalage est souvent très important entre le discours et la réalité. Un groupe des bâtiments et travaux publics martèle le discours sur les hommes ; or, le jour où un président de filiale opérationnelle est nommé directeur des ressources humaines du groupe, chacun sait qu'il est mis au placard et s'interroge sur son limogeage. C'est dire l'importance accordée à la gestion et au suivi des hommes !

En cette matière essentielle, les mots ont peu d'importance : le terme « direction des ressources humaines » n'est pas en lui-même un gage de progrès social, même si la substitution d'un mot à un autre prend cette allure. Je le trouve plutôt disgracieux et ambigu. Quelles que soient les appellations — direction du personnel, direction du personnel et des relations sociales, direction des affaires sociales, direction des relations humaines —, ce qui importe c'est l'efficacité de la fonction. Si j'insiste souvent sur l'exemple de Michelin, malgré son image contrastée, c'est que la réalité importe plus que l'image. La fluidité des fonctions, la mobilité entre l'opérationnel et le fonctionnel sont toujours des signes insuffisants mais intéressants. Si s'occuper des hommes prend autant de valeur que diriger les finances ou la communication, cela montre à l'évidence que l'entreprise met en acte un discours qu'elle n'a souvent pas besoin de tenir puisqu'il se réalise quotidiennement. La gestion et le suivi des hommes méritent qu'on y place les plus « hauts potentiels », comme on dit. Or c'est rarement le cas. Au contraire, toute sous-estimation de la fonction est d'importance. Avec plus de sûreté, l'on pourrait dire que la sous-estimation a encore plus de sens que son contraire : elle désigne une négligence qui contredit tous les discours.

Un deuxième indicateur concerne les handicapés. L'attitude d'une entreprise à leur égard exprime son sens de l'homme. Le taux d'emploi est symptomatique, mais plus encore leur qualification et les moyens qui leur sont effectivement consacrés. Les entreprises françaises ont un retard considérable sur les scandinaves. De façon plus superficielle mais aussi très éclairante, il suffit de se rendre dans les sièges sociaux où résident les présidents pour prendre la mesure du respect des hommes. Il en existe bien peu où les rampes, les ascenseurs sont adaptés pour être en cohérence avec les affirmations répétées. La GMF (Garantie mutuelle des fonctionnaires) est un bon exemple de cette cohérence : son taux d'emploi, son architecture interne et la désignation au sein de la DRH d'un responsable chargé de suivre ces hommes montrent que l'humanité n'y est pas un vain mot. Affirmée comme valeur, elle ne fait que dire ce que sont les faits. Il en est de même dans le centre Leclerc d'Osny, qu'un manuel scolaire prend en exemple. Mais cet indicateur est d'autant plus pertinent que la communication reste discrète. L'action en faveur des handicapés n'est vraiment morale que si elle n'est pas mise au service d'une politique d'image. Nous rejoignons ici la pensée de Kant : l'homme ne doit jamais être considéré comme un moyen mais seulement comme une fin.

Un troisième indicateur concerne tous les aspects de l'entreprise citoyenne tels que l'aide à la réinsertion des chômeurs ou à l'intégration des travailleurs immigrés. L'emploi est, dans notre société, un élément décisif du respect des hommes. Le groupe Ecco — qui fait partie des entreprises qu'on disait autrefois négrières — donne un bon exemple de ce que peut être le souci de l'intégration (chômeurs de longue durée, immigrés, handicapés).

Hors les questions de communication et d'image, les entreprises sont objectivement confrontées à tout ce qui est autour de leurs sites de production ou de prestation. Bien sûr, il peut être question d'environnement dans l'acception écologique. Il ne suffit plus aujourd'hui de payer la fameuse taxe sur la pollution qui confirmait le phénomène et le confortait en admettant, d'emblée, le droit à polluer sous condition de payer. De nouvelles responsabilités se sont ouvertes qui sont la contrepartie de la revalorisation même de l'entreprise.

Prenons un exemple concret avec le cas du groupe Legris-Industries. Il fabrique des robinets, des raccords, des détendeurs (Legris SA), des grues (Potain) et des véhicules de chantier (PPM). Ce groupe étonnant, performant et composé d'hommes remarquables a fait des choix devenus rares dans notre pays. Sans doute résultaient-ils de déterminations complexes, mais ils aboutissent à des conséquences significatives. Avec six milliards de chiffre d'affaires et une croissance très forte, il développe une stratégie d'implantation originale. En effet, il est structuré comme une fédération de PME dont la personnalité est respectée par le groupe lui-même. Les dirigeants de sa filiale Potain ont décidé de ne pas regrouper leurs sites de production pour leur garder une taille humaine : de ce fait, le groupe Legris-Industries est une collectivité d'une quarantaine d'usines toutes installées à la campagne. Ce choix stratégique implique des responsabilités morales qui peuvent être ou n'être pas prises. En effet, dans chaque site, l'usine, petite ou moyenne, assure l'essentiel de l'emploi industriel local. Ce groupe sera confronté, dans les années à venir, à de véritables choix de type moral. Il n'est pas seul dans ce cas puiqu'il existe en France 475 000 usines ou ateliers installés à la campagne. Au-delà de ce cas spécifique, on a vu récemment, avec celui des hypermarchés dans les banlieues, que toutes les entreprises seront confrontées à leurs responsabilités dans la cité.

Ces enjeux sont désormais cruciaux. Ils dépassent nos frontières. L'exemple de Volskwagen et de son président, Daniel Goeudevert, montre qu'il existe aussi des choix à faire sur les pays de l'Est. Si le courage est bien une vertu morale, les entreprises doivent investir pour éviter des mouvements de population douloureux et prendre en charge un partie du gâchis que l'Occident a sans cesse dénoncé. Il serait immoral de laisser les hommes de l'Est à eux-mêmes, après les avoir tant incités à se débarrasser de régimes honnis. La solidarité est une tâche de l'entreprise, dans la mesure de ses moyens. En l'espèce, l'assistance aux pays de l'Est fait partie de ces œuvres possibles. Bien des athées pourraient approuver cette phrase de Jean-Paul II : « Même le choix d'investir en un lieu plutôt qu'en un autre est toujours un choix moral et culturel. » Dans l'incertitude où l'on est des résultats de ces démarches, il est des paris qu'il faut faire, au risque d'erreurs louables. On attend plus d'actions et moins de déclarations.

Ces indicateurs n'ont pas pour but d'évaluer moralement une entreprise. L'exemple du commerçant en montre la difficulté. Ils donnent des pistes pour le questionnement de l'entreprise sur elle-même. De façon générale, les entreprises ne se connaissent pas bien, du moins leurs dirigeants ignorent-ils très souvent le travail concret des hommes. La vision d'en haut est toujours décalée, par les filtres qui rapportent des informations, par les sondages qui restent trop quantitatifs et par la perspective que donne la hauteur des postes. A défaut d'un Brubaker au sein de chaque établissement, je crois que l'ethnologie est la meilleure méthode pour tenter de mieux appréhender ce que sont les valeurs concrètes des hommes et femmes au travail. A cette condition, l'éthique n'est plus décrétée, mais l'on peut comprendre les conditions morales d'existence, c'est-à-dire les degrés de responsabilité et la part des choix dans le travail des hommes. Car la morale ne peut s'enraciner dans des représentations déformées : il faut savoir, dans le détail des choses, quels sont les problèmes effectifs qui peuvent se poser à chaque homme. C'est ainsi que commence le respect.

Peut-être estimera-t-on pessimiste cette analyse des éthiques en entreprise. Elle ne prétend juger personne. Elle vise davantage à soupçonner et à prévenir des dérives dangereuses. L'entreprise n'échappera pas au retour d'une certaine morale. Encore faut-il qu'elle ne s'isole pas dans ce mouvement. Il s'agit d'un grand débat de notre temps qui impliquera des insertions locales mais qui ne peut être tranché localement. En surfant sur la vague morale pour produire des éthiques, les entreprises outrepassent leur compétence, qui n'est ni de créer ni d'imposer des valeurs. Ce peut être quelquefois le simple effet d'une empkase verbale qui conduit, sous influence de la mode, à nommer éthique ce qui n'est que règlement intérieur. Mais il est périlleux de jouer ainsi avec le feu.

Dans ce monde sans repères, il faudra certainement que chacun reprenne sa place. L'entreprise peut apporter beaucoup à la société civile : elle y a des droits et des devoirs. La lutte pour la reconnaissance a débouché sur plus de justice dans son évaluation. Mais l'exagération peut exacerber les conflits latents en cette période difficile. Lorsque les politiques voulaient trop s'occuper de gérer le secteur industriel, on leur reprochait assez de mélanger les genres. Quand le cardinal Lustiger critique la contrefaçon des valeurs dans l'entreprise, il émet une critique aussi juste.

L'entreprise est par nature peu portée au doute tant elle est accaparée par l'action : c'est la première explication, caractérielle, de cette mode des éthiques. L'interrogation morale contemporaine ne l'empêchera pas d'agir, mais elle peut inoculer quelque doute salutaire. Il n'est jamais bon que les réponses précèdent les questions.

En critiquant certains aspects de la mode éthique dans l'entreprise, nous voyons mieux ce qu'il nous faut éviter et chercher. Une leçon essentielle consiste à s'assurer qu'on ne pourra pas penser la morale à notre place. Inscrite dans la conscience individuelle, la préoccupation morale ne peut venir d'ailleurs. L'extériorité d'un ordre ou d'un veto retire toute autonomie à notre volonté. Cette autonomie ne se conquiert que dans le questionnement, même si, avec les autres, nous pouvons tenter de l'approfondir et de le répéter. En fait, les entreprises ont emboîté le pas d'une morale traditionnelle désormais condamnée, car elles assimilent l'éthique à l'ordre des choses et du monde. Nous le savons, nous ne retrouverons ses acquis les plus assurés qu'à travers la recherche du sens de chaque acte et de chaque parole. Retrouver des repères, ce n'est pas se situer dans un système de coordonnées cartésiennes toutes faites, c'est avant tout les chercher et les construire au fil de questions depuis trop longtemps absentes.

La mode éthique manifeste bien un souci nouveau, du fait même qu'elle exploite la demande morale souvent avec sincérité et maladresse, quelquefois avec perversité et malignité. Il faut peu de chose pour que l'éthique fasse place à la morale elle-même : moins de communication, plus d'actes concrets, moins d'affirmations, plus d'interrogations, moins de décrets, plus de connaissance, moins de surface et plus de profondeur.

L'efficacité est un légitime souci de l'entreprise car les batailles sont dures. On ne peut cependant gagner sur tous les tableaux à la fois : le rêve éthique est une utopie nouvelle. Autrefois, l'utopie, née d'un désir libérateur, était dite dans la classe ouvrière. Aujourd'hui, une autre, plus insidieuse, vient de certaines entreprises et de leurs dirigeants. Ce siècle nous a montré les dégâts des modèles totalitaires. Nous savons aujourd'hui que la moralité est un risque pour la pensée et pour l'action. Le besoin de sécurité peut éloigner ou maquiller ce risque. Tel est le but ou l'effet d'un thème comme « l'honnêteté rentable à terme ». Le risque est toujours l'épreuve de la liberté. Une morale sans risque relève de l'imaginaire. C'est pourquoi il nous faut aujourd'hui assumer le retour au vocable même de « morale », quitte à subir les foudres de contempteurs attardés. Notre besoin contemporain est d'authenticité : or l'éthique est à la morale ce que les œufs de lump sont au caviar. Il faut savoir payer le prix des choses.

Fable

L'homme qui ne voulait pas faire un scoop

Une agence de la Société générale de Paris est victime d'un hold-up. Stop. Neuf otages *dont une petite fille de huit ans*. Envoyer équipe de reporters. Urgent. Stop. Direct dans trente minutes. Stop. Edition spéciale. Tous moyens à votre disposition. Stop.

En double file, les voitures de la chaîne commencent à embarquer le matériel. Les journalistes sont sur le pied de guerre. Il est 19 h 30. dans une demi-heure, c'est le « vingt heures ». Les sondages commencent à une heure où la concurrence fait rage et où les publicités sont les plus chères. Jean-Pierre Baudu, directeur de la rédaction sur la chaîne publique TV 2, tient enfin l'occasion de devancer TV 4, la chaîne privée qui le ridiculise depuis plusieurs mois. TV 2 a dépêché immédiatement un journaliste, Henri Dubois, qui transmet les premières informations. Les politiques se taisent, le ministère de l'Intérieur n'a laissé aucune consigne. TV 2 est, par le hasard d'un voisin, la première informée

Il s'agit d'une prise d'otages opérée par un groupe terroriste du Moyen-Orient, au sigle inconnu : les Frères religieux du 25e imam. Neuf civils sont retenus en otages, mis en joue par cinq Kalachnikov. Les sirènes hurlent et la brigade antigang est annoncée. Nous sommes dans une petite ville de banlieue lointaine, Franconville, au bord de l'autoroute de Pontoise. TV 2 tient un quart d'heure d'avance que TV 4 ne pourra récupérer : la chaîne privée ne pourra retransmettre avant 20 h 15 si elle est prévenue dès maintenant. Dubois presse le mouvement. Les terroristes veulent parler devant les caméras ; ils ont un message à délivrer. Leurs exigences sont faibles : un message télé, une voiture et la liberté ; l'argent leur importe peu. Ils veulent avant tout faire connaître leur mouvement, qui concurrence tous les autres, devenus ou trop mous ou trop violents, on ne sait encore.

19 h 40. Le directeur de TV 2 talonne Jean-Pierre Baudu : la speakerine vient d'annoncer qu'à 20 heures le journal présenterait en direct une prise d'otages en pleine région parisienne. Le ministre de tutelle est prévenu : ce soir on dame le pion à TV 4 ; TV 4 s'agite certainement pour rattraper le coup, mais il est trop tard. Le joyeux animateur des variétés du « prime time » laissera son temps d'antenne si le direct l'exige. Contacté par téléphone, son sponsor est d'accord s'il patronne la séquence. Marché conclu.

Sur place et à la direction, on s'étonne. Jean-Pierre Baudu semble ne pas réagir. Le matériel est prêt mais on a besoin de son feu vert pour démarrer. Henri Dubois s'impatiente au bout du fil. Il a garanti aux terroristes l'arrivée de TV 2 ; au péril de sa vie, il est entré dans l'agence et ils l'ont laissé repartir avec cette assurance. De son côté, il a obtenu la garantie d'interviewer librement la petite fille terrorisée, un pistolet sur la tempe. Les négociations ne peuvent commencer avant l'arrivée des caméras.

Mais Jean-Pierre Baudu se tait. Pensif, dans son bureau, il scrute le regard de ses collaborateurs. Tous semblent emplis de la même hésitation, même s'ils meurent d'envie d'y courir.

19 h 42. La porte s'ouvre ; le chauffeur hurle pour avoir le feu vert tandis que le directeur de la chaîne le bouscule en apostrophant Baudu. Ce dernier reste imperturbable.

— Non, nous n'irons pas. J'interdis qu'on y aille.

— Baudu, ça suffit. Vous nous avez déjà fait rater la petite Colombienne. Une séquence d'un quart d'heure vendue à toutes les chaînes du monde ! Vous n'allez pas encore faire le malin cette fois-ci.

— Non, nous n'irons pas. Ce n'est pas bien. Vous savez très bien pourquoi.

Comme fou, le directeur de la chaîne martèle son bureau en invoquant le ministre, l'Audimat, le droit à l'information, la mission du journaliste, le fric des annonceurs, la concurrence, le projet d'entreprise, le service du client, la situation financière de la chaîne...

— Si vous ne le faites pas, de toute façon, TV 4 le fera.

— C'est ce que se disait chaque SS à Buchenwald...

— Mais ce n'est pas vous, ce n'est pas moi qui prenons en otage !

— C'est à cause de vous et ce serait à cause de moi...

19 h 45. Au téléphone, Henri Dubois s'impatiente. Il reçoit la réponse négative. Il téléphone immédiatement à TV 4, promet la petite fille. TV 4 l'embauche dans l'instant et parvient à expédier une équipe en un temps record.

19 h 48. Devant le siège de TV 2, les moteurs se sont tus. Tout le matériel est débarqué. Les journalistes

ont raté l'occasion de l'année. La speakerine doit démentir l'information déjà donnée. Il ne se passera rien d'exceptionnel aux informations de 20 heures. Le directeur de la chaîne arrête le démenti. Jean-Pierre Baudu propose de s'en expliquer aux téléspectateurs.

— Pour quoi faire ? On en a marre de vos scrupules imbéciles. Je suis payé pour faire de l'audience. Vous aussi. Vous êtes viré. Inutile de faire la morale aux infos ! Personne ne comprendrait !

— Je crois que les Français sont parfaitement capables de comprendre. Il faut leur expliquer notre conception de l'information...

— Vous êtes viré ! Les Français ne demandent qu'à s'attendrir, qu'à pleurer en voyant crever une petite fille ; ils auraient bandé en voyant celle-ci menacée par des bougnoules en chaleur. Mais monsieur Baudu fait des manières ! Il veut faire un discours pendant que les autres donnent des images ! Vous êtes viré immédiatement et interdit d'antenne. De quoi j'ai l'air, avec des mauviettes pareilles !

20 heures. Jean-Pierre Baudu regarde les informations sur TV 2. Le présentateur marmonne quelques explications maladroites qui tournent autour d'une rupture de transmission. Mais plus une information n'arrive car Henri Dubois est passé de l'autre bord. Zapping sur TV 4. Le direct est annoncé ; plusieurs essais échouent, mais on y est maintenant. A l'intérieur de l'agence, la petite fille est prise de tremblements ; le micro peine à suivre sa petite bouche spasmodique. Elle supplie les millions de téléspectateurs qu'ils fassent céder la police et qu'on la libère. Henri Dubois est maintenant filmé de face : il s'émeut face à cette détresse, donne le téléphone du ministère de l'Intérieur et presse tous les citoyens d'appeler

pour la sauver. Les terroristes prennent un air terrible et saisissent la petite par les cheveux. Le standard du ministère explose. Le message des Frères religieux du 25e imam est lu à l'antenne. Désormais ils existent puisqu'ils ont la parole. On donne une voiture. La police s'éclipse.

Dépité, Jean-Pierre Baudu arrête l'image. Il guette ses collaborateurs, qui se taisent. L'un après l'autre, ils quittent la salle de rédaction, en appuyant de leur main sur son épaule. Pour la dernière fois.

Le lendemain, les chiffres sont impitoyables : TV 4 : 43 %, et TV 2 : 9 %. La presse encense les vertus du direct et la « réactivité » des journalistes de TV 4. Ceux-ci, modestement, évoquent de bonne grâce le « devoir d'informer » leur public. La petite fille traînée par les cheveux est sur toutes les premières pages. Le directeur de TV 2 doit s'en expliquer directement avec le ministre de la Culture et de la Communication. Comment expliquer cette occasion ratée ? Quand la télévision publique sera-t-elle enfin composée de professionnels ?

Jean-Pierre Baudu n'a pas fait de déclarations. Il abandonne spontanément la direction de la rédaction dès le lendemain : on lui proposait déjà un autre scoop, avec un Juif handicapé sur l'*Achille Lauro*, en pleine Méditerranée. Méphitique.

La communication entrave sans cesse notre exigence morale. Elle en est une condition nécessaire, mais tout, autour de nous, dans le paysage audiovisuel, achève de nous faire perdre nos repères. Nous ne savons plus quand nous nous avilissons aux spectacles sordides. Une morale future aura besoin d'un consensus, d'une communication qui manifestent notre intercompréhension. Nous cherchons en vain un canal qui nous y aide.

4.

La communication sans éthique ni morale

La réflexion sur l'éthique est habitée par la communication. Parcourant les discours éteints et les modes industrielles, nous la croisons sans cesse. Dans notre monde, on ne peut y échapper car tout débat social passe aujourd'hui par la communication. Il est aussi vain de le regretter que de s'en réjouir. Dans l'entreprise, dans la cité, dans l'Eglise et dans nos actes individuels, rien ne s'y soustrait. Quand j'écris un livre, je ne peux la dédaigner, n'ayant pour désir que de voir communiquer son contenu. Tout livre est en lui-même un acte de communication, depuis toujours, mais plusieurs relais se sont désormais superposés à l'acte lui-même.

Il n'est pas indifférent que le privilège soit aujourd'hui dévolu au concept d'image : il enveloppe aussi bien une subtile matérialité visuelle projetée ici et là que l'antique *fama*. Ainsi définit-on une hiérarchie de valeurs et une focalisation nouvelle. La notion d'image renvoie conjointement à la *surface*, à la *négation du discours* et à la *production audiovisuelle*. La surface ne s'oppose plus à la profondeur comme l'image à la réalité, car l'image elle-même participe de cette réalité nouvelle et envahit notre espace social et nos consciences. Cette situation inédite rend plus difficile l'élaboration d'une morale nouvelle. Happés par des images foisonnantes, nous nous y laissons prendre et risquons de perdre progressivement tout notre sens critique. Ma génération n'a jamais été formée à leur décryptage. Nous avons été éduqués dans les mots, le lexique et la grammaire. Ce fut une chance, maintenant c'est parfois un handicap. Tout converge aujourd'hui dans l'image, jusqu'aux mots eux-mêmes, qui servent à la construire. Notre monde est d'apparences : nous vivons plus que jamais la situation de ces hommes que Platon représentait dans une caverne, prisonniers, têtes bloquées, persuadés que les ombres projetées sur la roche sont toute la réalité. Le mot grec qui signifie image dit, mieux que tout autre, ce que nous vénérons : *eidôlon,* l'idole. Or les éthiques sont ces ombres de morale dont nous avons les images : nous y voyons le bien qu'on nous montre et rien d'autre. L'image est forte car elle est immédiate, sensible, émouvante. Nous risquons sans cesse d'y confondre le bien et l'agréable.

Car les discours perdent leur force s'ils ne sont mis en images. De fait, l'image en est la négation et, progressivement, la privation. Tous les discours que nous percevons sont désormais au service d'une image construite. Il n'est entreprise où le docte consultant n'analyse les dysfonctionnements en les rapportant à des problèmes de communication et d'image. Or la morale ne peut se satisfaire du mode de la représentation, à la fois mise en scène et espace euclidien. La morale passe par l'argumentation, le consensus, le discours approuvé, ce qu'on nomme aujourd'hui l'« intercompréhension ». C'est bien affaire de communication, mais irréductible à l'image.

Enfin, le mot même de « communication » est aujourd'hui terriblement ambigu. Il désigne aussi bien un processus qu'un milieu professionnel. Le processus est décisif dans l'élaboration de toute morale, mais il ne peut rester à l'écart des professionnels. Ceux-ci se concentrent sur les actes les plus efficaces, c'est-à-dire sur l'audiovisuel, royaume incontesté de l'image qui hante nos foyers ou nos domiciles. Leur absence presque totale du débat éthique — tel qu'il est formulé dans les entreprises — et du débat moral nous oppose une difficulté cruciale. Sauf à se satisfaire d'un élitisme aristocratique, la morale devra passer par des canaux hertziens, le câble et le satellite, ou elle ne sera pas. La presse pourra s'époumoner, trois points d'audience font mieux que n'importe quel journal.

Mais si le mot « communication » signifie bien « rendre commun », le problème est toujours de savoir ce qu'est cette communauté, en extension comme en compréhension. En *extension* : le grand public, ou un collectif de clercs qui se méfie du premier. En *compréhension* : un contenu ouvert, transmissible, ou un contenu savant, confidentiel.

Or cette puissance nouvelle semble très peu traversée par le débat moral, et ignore même le débat éthique que l'on revendique dans d'autres entreprises. C'est une absence de principe qui pèse sur notre société, absence déjà déplorée par Dominique Wolton. Mais ce silence est pesant, non fortuit. Il exprime l'importance des enjeux car, certainement, les hommes de la communication savent que les grandes interrogations morales du jour passent par eux et quelquefois s'y achèvent. La communication est au fond même de la morale ; la morale est au cœur de toutes les communications. Il y est question de mensonge, de manipulation, de vérité, d'information, de justesse, de justice, bref, de l'exercice d'un pouvoir et d'un contrôle.

La communication n'est pas simplement un canal de transmission indifférent et innocent. Qu'elle agisse dans l'entreprise ou dans la société civile, elle est à l'articulation de tous les espaces sociaux et productifs. Il n'est pas étonnant qu'un des plus grands philosophes de notre temps, Jürgen Habermas, ait passé la plus grande partie de sa vie à penser l'« agir communicationnel », dans une pensée que son écriture condamnait à rester confidentielle. Nous ne serons pas surpris non plus de constater que la référence kantienne est au cœur de sa démarche.

Quel que soit l'acte de communication, le problème moral se pose dès l'émetteur, même s'il n'est pas le médiateur ou même si la médiation lui échappe. Cette distinction joue néanmoins un rôle singulier car il existe, dans notre champ de messages, des émetteurs qui sont en même temps les médiateurs : tel est le cas des chaînes de télévision, ou de la presse, dont les choix sont doubles. En tant que médiateurs et diffuseurs, ils produisent des messages propres et ils propagent des messages qui viennent d'ailleurs, comme c'est le cas des livres, des films ou des productions musicales. Leur responsabilité est donc doublement engagée. Au contraire, la communication interne d'une entreprise diffuse uniquement les messages qu'elle produit. Sa communication externe utilise des canaux divers pour des messages qu'elle élabore et fait en général produire ailleurs. Nous avons donc en matière de responsabilité des situations morales très différentes. Dans notre société, ce sont évidemment ceux qui sont à la fois médiateurs, producteurs et diffuseurs qui occupent les lieux de pouvoir les plus décisifs, ceux sur qui pèse la responsabilité la plus grande. Il faut encore distinguer, en fonction de l'impact social, entre la presse et la télévision. La responsabilité est à l'échelle du public : la télévision est au centre de notre réflexion.

Les choix et la responsabilité commencent dès l'émission d'un message, implicite ou explicite. Il n'en est pas exactement comme du petit commerçant, Baudu, qui pouvait agir en fonction de son image ou en fonction de son devoir. Nous avons vu que la préoccupation de l'image pervertissait le plus souvent les déterminations morales des choix dans les entreprises. Mais dans le cas des médiateurs, à la fois diffuseurs et producteurs, l'acte même est dans la communication et ne peut s'en isoler. Or on peut être étonné de voir que le questionnement moral est presque absent de ce monde, sans conteste le plus cynique de notre société. La place et le pouvoir qu'il exerce dans cette société ne laissent donc pas d'inquiéter. On y entend évoquer des problèmes financiers, économiques, politiques, mais il est très rarement questions de préoccupations morales.

Sur la télévision, nous ne parvenons que difficilement à formuler, dans ces termes, nos interrogations. Généralement, nous constatons une dégradation globale des programmes et de leur qualité. Nous avons du mal à la comprendre car les chaînes télévisées n'ont sans doute jamais eu autant d'argent pour leurs programmes et leurs réalisations. Nos questions sont multiples mais atomisées. Comme citoyen, je m'interroge : pourquoi, avec la débauche de moyens mis en œuvre aujourd'hui, ne nous propose-t-on plus les grandes émissions d'hier ? Pourquoi ne peut-on que *re*-diffuser les chefs-d'œuvre de Claude Santelli, de Marcel Bluwal ? Pourquoi les variétés sont-elles devenues si insignifiantes ? Pourquoi ces quelques îlots de culture, et de plus en plus tard ? Pourquoi ces jeux et cette braderie continuelle ? Pourquoi cette violence répétée et cet enchaînement de « séries » dont le nom dit assez le mode de production ? Curieusement, la télévision vit encore selon les normes de l'ancienne morale et vitupère davantage l'érotisme que la violence débridée. Du moment que le bon punit le méchant, tout est permis, notamment le plaisir malsain qu'on éprouve dans la souffrance infligée au méchant.

Pour comprendre ce silence, dépasser un dégoût immédiat et questionner moralement la télévision, il faut revenir sur quelques confusions conceptuelles et bien dissocier la chaîne comme support de son statut d'entreprise. En effet, l'entreprise ne peut pas être indifférente aux questions ou réponses morales car elle exerce un pouvoir direct sur des hommes qui y travaillent et en garantissent les performances. Tandis que les médiateurs les plus puissants n'ont affaire essentiellement qu'à un public. Le mot de « public » n'est pas indifférent et se substitue assez finement au terme de « client ». On voit assez peu PPDA ou Michel Drucker s'adresser à leurs « chers clients », et ce n'est pas distraction : dans ce cadre, le public n'est le client que de la publicité. Même si, en dernière instance, c'est bien le public qui garantit les recettes d'une chaîne par son taux d'écoute, les clients sont ailleurs, ce sont les annonceurs, dont le coût des interventions dépend du public. Les chaînes n'aiment guère qu'on leur applique certains concepts de l'entreprise car elles entretiennent la dissimulation. Tout le vocabulaire de la télévision est imprégné de cette situation originale ; on y parle de public et non pas de client, de taux d'écoute et non de taux de consommation. Par contre, les résultats de l'Audimat s'analysent en termes de parts de marché. Mais, à parler froidement, dès qu'on raisonne en ces termes, on se situe par rapport à la demande des annonceurs et non plus par rapport aux téléspectateurs. La part de marché désigne le financement potentiel de la publicité. Il ne suffit pas de parler de « logique économique » de façon générale. La référence au concept fondamental de client éclaire les contradictions dans lesquelles se débattent, par exemple, les dirigeants des services publics audiovisuels.

Il règne une certaine confusion dans les concepts, qui dit la responsabilité spécifique de cette médiation. Sans doute cette confusion date-t-elle du temps où la télévision était un service public, c'est-à-dire un service du public. Ce dernier est devenu un bizarre hybride sans s'en rendre compte et surtout sans qu'on le lui dise : l'ambiguïté est savamment entretenue. Dire « cher public », c'est faire oublier à chaque citoyen que sa présence devant le poste et telle chaîne singulière est la seule condition de l'investissement et de la quantité des clients que sont les annonceurs. Il reste que le problème moral ne peut se poser de la même façon sur la chaîne privée et sur la chaîne publique : car, d'un côté, le citoyen est le levier de toute clientèle, c'est-à-dire un *client in fine*, de l'autre, il est un *public,* c'est-à-dire partiellement *un client in limine.*

Il va de soi que les choses ne sont pas si simples car le mélange de la publicité et de la redevance rend confuses ces distinctions sur les chaînes publiques ; mais je crois que cette ambiguïté est à l'origine de toutes les obscurités morales qui se posent dans la notion de service public télévisé. C'est tout le paradoxe de la télévision : ici, il faut acheter le droit d'être un public et un client, tandis que là, dans le paradigme privé, la situation de « public » est gratuite car le vrai client est ailleurs. Tant que les distinctions ne seront pas faites, les grandes questions morales qui se posent aux chaînes publiques resteront formulées dans un galimatias inextricable.

Dans le cas de Michelin, nous avons vu que la satisfaction du client pouvait jouer le rôle d'une morale immanente à l'intérieur même de l'entreprise. Le même raisonnement ne peut se tenir dans la chaîne télévisée, même privée. Commençons effectivement par ce cas. Un client qui ne paie pas n'est pas un client, c'est un public ou un usager. Le client est celui qui, finalement, paie les salaires et charges de l'entreprise à la fin du mois. Cette définition est essentielle et il ne faut pas la perdre de vue si l'on veut débrouiller la confusion des concepts qui règne toujours dans le monde de la communication. Le client n'est donc pas le téléspectateur. On peut affirmer que, par nature, la chaîne privée ne considère jamais l'homme qui la regarde que comme un moyen et jamais comme une fin. La satisfaction du vrai client — l'annonceur — ne passe que par le public, c'est-à-dire l'ensemble des hommes qui regardent la chaîne, et qui ne la paient pas. A vrai dire, le téléspectateur de la chaîne privée est le client potentiel de l'annonceur — comme consommateur final — et non pas de la chaîne elle-même. Comme l'affirmait Kant, dès le moment où l'homme est considéré comme un moyen, toute moralité est exclue de l'acte et de l'intention. Il ne faut donc pas s'étonner que l'interrogation morale soit très peu présente dans la communication audiovisuelle privée. Par principe, elle se dégage de toute responsabilité et donc de toute moralité. Sa finalité immanente est la satisfaction de l'annonceur : elle lui garantit la vision de ses spots par une certaine quantité de personnes, exprimée en points d'Audimat. D'ailleurs, moins la qualité des émissions est bonne, moins la rupture entre le spot publicitaire et l'émission est sensible. On est toujours plus irrité par la coupure au sein d'un Hitchcock ou d'une émission littéraire qu'au beau milieu d'un soap opera ou d'une variété affligeante. Il est donc logique que la qualité des programmes ait le souci de la continuité entre l'intervention des annonceurs et l'émission diffusée pour les satisfaire. Sa seule limite est la loi ou ses faibles représentants, constitués en divers comités impuissants comme la CNCL ou le CSA, qui tous les jours abandonnent leurs prérogatives.

Il en est tout autrement de la chaîne publique : plongée dans des contradictions insurmontables par le mélange du commercial et du service public, elle donne à l'homme un double statut de moyen et de fin. Mais, dans sa logique actuelle, elle se sent contrainte par le moyen plus que par la fin. C'est le compte qui fait l'intention et seul le résultat financier importe. Or la notion de service public est sans aucun doute le cas le plus évident où la nécessité d'une mission s'impose. Celle-ci reste à définir mais ne peut l'être dans un cadre mixte car elle est tiraillée par des impératifs contradictoires et multiplie ainsi les palinodies. L'intérêt de la mission, dans sa dimension morale, consiste à identifier cette étoile polaire qui, dans d'autres cas, peut être le client, simplement défini. Comme toute proposition morale, la mission de service public ne peut tenir que dans le temps et ne supporte pas les à-coups de conjonctures politiques ou d'urgences comptables. La notion même de service public implique que, à partir d'un budget programmé par la collectivité, la mission soit définie et remplie. L'effort demandé au citoyen pour ne pas être un moyen mais une fin, non pas un client déguisé et partiel mais à la fois un public et un client, se justifie alors pleinement. Encore faudrait-il obtenir son accord sur les fins au terme d'un débat transparent. Pour nous résumer, dans le cas d'un service public audiovisuel clairement défini, le téléspectateur est, en droit, à la fois un public en ce que l'Etat contribue au financement et à la gestion du service et un client final en ce que le citoyen le finance par la redevance. Il est donc logique que ce service public soit doublement déterminé : par la satisfaction du client et par la mission qui lui est attribuée.

D'autres pays ont mieux compris cette difficulté. Telle était la conclusion du rapport Peacock, décisif pour la BBC, telle est l'attitude de nombreuses télévisions publiques du nord de l'Europe. Il me semble que ces problèmes d'identité relèvent clairement d'un questionnement moral, même s'ils n'esquivent pas celui de chaque individu, membre d'une chaîne à l'intérieur de son statut spécifique.

Ces propos n'ont pas pour but de discréditer les

chaînes privées par rapport aux chaînes publiques. Il s'agit seulement de bien distinguer les formulations morales, qui y sont nécessairement différentes, sachant qu'elles y apparaissent peu. Même si tout questionnement moral est complexe, il faut essayer d'en simplifier les conditions de formulation. Or on maintient à plaisir les ambiguïtés de telle sorte que tous les repères disparaissent.

Sans doute la réalité d'une chaîne télévisée est-elle plus diverse, mais à notre stade et dans notre interrogation, seuls les principes sont ici en jeu. Les différences essentielles qui séparent le public et le privé dans le cas des télévisions montrent assez que le mélange des genres induit des tiraillements insurmontables. Si l'on envisage une chaîne publique conforme à son concept, le devoir de l'entreprise qui constitue la chaîne est entièrement déterminé par sa mission. La redevance achète cette mission, même si l'achat est perturbé par son caractère obligatoire. Le service public ne peut se justifier que par une mission orientée vers l'homme, citoyen qui paie ce service et qui en est la fin, client et public. Il le paie doublement puisque sa contribution par le biais de l'impôt complète l'ensemble du dispositif de financement. Il va de soi qu'il ne dépense pas cet argent pour satisfaire un autre client, l'annonceur, dont le seul critère est l'indice d'écoute. Il est un public, c'est-à-dire l'objet d'un service public, c'est-à-dire encore un client partiel puisqu'il ne paie pas tout le service comme client, mais en partie comme contribuable. L'objectif de la dépense ne peut donc être que qualitatif et jamais quantitatif. Il ne consiste pas à vouloir appartenir au plus grand ensemble installé devant le poste, mais à y trouver des programmes de qualité. La télévision publique doit récuser, en son principe, la notion de mass media, qui affirme la primauté du quantitatif. Par ailleurs, le client ne peut souhaiter dépenser cet argent pour des programmes qu'il ne regarderait jamais. La conséquence en est l'exigence d'une certaine variété dans les types d'images diffusées, mais une variété dans la qualité.

En sortant la télévision d'un pur circuit commercial, la redevance exige qu'on fasse abstraction de la simple quantité. « Redevance » est d'ailleurs un joli mot qui vient de « redevoir » : c'est un devoir qui succède à un autre devoir, qui en est le juste retour. C'est une dette (« on doit de l'argent ») qui correspond à un devoir de celui qui l'exige. Ce dernier devoir est de nature morale. Il est clair que, dans le cas d'une chaîne privée, l'absence de redevance a pour symétrique l'absence d'un devoir du même type. Le seul devoir qui règle la chaîne privée, en tant qu'institution, est le devoir vis-à-vis de ses clients, les annonceurs. Il passe par une captation quantitative des téléspectateurs et par rien d'autre : si un client a payé le prix qui correspond à tel indice d'écoute prévisible, il faut lui assurer cet indice. Cyniquement, cela pourrait se nommer une éthique de la chaîne privée. Je crains que la différence des exigences n'apparaisse guère dans la confusion actuelle et l'absence de choix politique à ce sujet.

Le débat sur le service public de la télévision est sens dessus dessous. Tous les repères ont été perdus depuis que la gauche a soudainement abandonné son credo idéologique en créant Canal + (1984) et La Cinq (1985). Nous sommes dans la désorientation la plus radicale, comme c'est le cas plus généralement pour la morale, et plus ponctuellement pour l'entreprise : les conversions ont été des abandons, sans qu'une tâche reconstructrice soit entamée. « Le résultat est le triomphe d'une idéologie empirique au terme de laquelle la télévision devient un Far West moderne, où ceux qui tirent les premiers gagnent la partie » (D. Wolton). Or, en tant que citoyens, nous admettons tout à fait qu'une des charges de l'Etat est éducative, dans le cadre de la démocratie qui nous régit. Le sens d'un service public audiovisuel passe nécessairement par cette dimension. Elle ne peut être la seule, puisque nous pouvons souhaiter, à juste titre, n'être pas enfermés dans le seul circuit éducatif. C'est pourquoi la variété des programmes doit satisfaire le public et ses goûts divers : j'approuve entièrement la démonstration de Dominique Wolton sur l'impérieuse nécessité de privilégier les chaînes généralistes, sans créer de ghetto culturel. Mais dans le cadre d'un service public, la mission dudit service ne répond jamais uniquement à la demande du public. Elle ne peut être à sa remorque exclusive, ce qui est le cas idéal du client. Elle est un compromis, le plus vertueux possible, entre une demande jamais explicitement formulée et une mission démocratique qui est le propre de tous les services publics. L'Audimat joue dès lors un rôle très différent : il ne désigne plus des parts de marché (concept de l'annonceur) mais donne des renseignements sur la demande et sur la satisfaction du public. L'indice de satisfaction devient aussi important que le taux d'audience car c'est un signe plus qualitatif.

L'interrogation morale traverse donc de part en part le service public télévisé : à quelles conditions sa mission est-elle remplie ? Comment satisfaire le public et assumer un rôle effectif dans l'éducation des hommes ? Comment faire partager une culture à laquelle tous n'ont pu avoir accès, ou qu'une partie du public souhaite approfondir ? Comment procurer des plaisirs qui soient moralement compatibles avec l'exigence qualitative ? Pour résumer : la nature même de la télévision publique la met en présence de citoyens, hommes de la cité, et il lui faut emprunter les voies qui permettent de les considérer comme des fins et non comme des moyens.

A l'échelle de l'institution publique, cette interrogation se complète de questions multiples sur le rôle social et moral de la communication. Elles relèvent de responsabilités très fortes. Peut-on décider *a priori* que les émissions culturelles sont destinées à des publics cultivés et intellectuels qui se couchent tard ? Doit-on distribuer la qualité des émissions en fonction de segments supposés d'un public imaginaire ? La télévision a-t-elle pour unique but de distraire le public des problèmes de l'heure ? Ces questions, éminemment morales, sont particulièrement difficiles à résoudre. Mais elles doivent être posées à partir d'une définition claire des missions qui font figure de repères.

Prenons l'exemple de la fable du reportage. Nous savons aujourd'hui que la plupart des actes existent en raison de la communication à laquelle ils pourront donner lieu. Pour une bonne part, il y a de l'Erostrate dans le cœur de chaque terroriste. Pour être connu, reconnu, pour exister même, il faut à des peuples des actes qui passent la rampe de la communication : Munich en 1972, les détournements d'avions, les attentats s'expliquent en grande partie comme les seules voies d'accès aux médias. Le discours est peu spectaculaire tandis que le sang provoque l'émotion et attire les médias comme le sucre les guêpes. Peu en importe le sens, il faut réussir à faire parler de soi. Le souvenir garde l'événement et oublie la violence insoutenable de l'instant sanguinaire. Les Palestiniens, Arméniens ou Canaques ne sont réapparus sur la scène diplomatique qu'à partir de ce moment. Ils peuvent devenir des interlocuteurs dont on oubliera les horreurs.

Dans le cas du reportage, il existe deux questions morales très distinctes. L'une se pose à l'institution, l'autre se pose à la conscience morale de chaque individu. Le service public, dont la mission est d'intérêt public, ne peut éviter la confrontation entre le reportage saisissant et un devoir spécifique. Dans le cas de la télévision privée, l'interrogation ne peut exister que dans la conscience des hommes, et nullement dans celle de l'institution. Si le client veut de l'audience, il faut en prendre les moyens. On pourra barbouiller les choix d'un discours éthique classique, le client reste l'ultime souci dans le cas privé, le public seulement un moyen. Bien sûr, des journalistes pourront, à titre individuel, en leur conscience, réagir différemment, mais ils ne devraient pas faire de vieux os dans un système qui cherche la seule rentabilité. Seule la conscience morale de l'individu peut mettre une limite là où l'institution ne sait en poser. Là encore, seule une morale qui dépasse l'entreprise a les moyens de jouer un rôle efficace ; dans le cas du service public, elle existe, en droit, à l'échelle de l'institution.

Le cas des médiations télévisées peut sembler particulier tant il met en jeu d'éléments de la communication (émission, production, diffusion, médiation), mais il en reste une modalité essentielle. Nous aurons beaucoup de difficultés à satisfaire un besoin moderne de morale si la télévision y échappe ou démultiplie les confusions qui règnent autour de la question morale. Sans doute la conscience est-elle encore assez forte pour réagir au mensonge et s'indigner d'informations tronquées, truquées par l'urgence de leur diffusion. Mais la télévision, comme l'école, sont des agents décisifs, sans lesquels le désir de morale s'épuisera bien vite.

Pour mieux comprendre cette dimension spécifique, il convient de distinguer deux types de communication. Structurellement, devant son poste, le spectateur demeure passif en ce sens qu'il ne peut réagir aux images et dialoguer. Les seules réponses qu'il donne sont de consommation ou de non-consommation. La situation est identique dans la publicité, où la seule réponse est le réflexe d'achat.

Mais notre société est également parcourue par d'innombrables communications qui sont d'un ordre différent : l'émetteur et le récepteur y permutent leurs rôles. La communication vise alors à rendre quelque chose commun, mais avec l'assentiment des partenaires et au terme d'un processus original. Cette situation de communication peut nous éclairer sur ses autres formes. On se souvient que Socrate avait justement refusé d'écrire (*cf.* Le *Phèdre* de Platon) parce que le livre se réduisait à un monologue et devait emprunter des types d'argumentation très spécifiques, tranquille sur le fait qu'on ne pouvait lui répondre ni lui objecter tout au long de son discours. Selon lui, l'essence de tout écrit enveloppe une trop grande tentation rhétorique. Loin de la contradiction, l'arbitraire fait la loi, car dans le monologue on est plus tenté de *persuader* que de *convaincre*. Cette distinction est au cœur du problème contemporain de la communication ; il n'est guère étonnant qu'y revienne avec insistance le philosophe Jurgen Habermas : « Comprendre ce qui est dit exige la participation et non simplement l'observation. »

Cette différence cruciale entre deux modalités de la communication détermine les contenus et les formes d'argumentation. *Persuader* et *convaincre* relèvent bien d'un même genre : amener autrui, par des moyens non violents, sur des positions communes, donc rendre commun, c'est-à-dire communiquer. Mais ils reflètent des différences spécifiques. L'acte de persuader enveloppe des résidus de violence qui, faute de pouvoir encore demeurer physiques, utilisent des moyens plus sophistiqués. Quand on est « persuadé », on est bien « traversé » *(per)* par un conseil ou un avis *(suadeo)*, de part en part. Quand Socrate définissait déjà provisoirement la rhétorique comme « ouvrière de persuasion », il voulait désigner des moyens efficaces, d'un ordre technique. Quoique le dialogue implique l'échange *(dia)* et la rationalité *(logos)*, la persuasion prend son modèle sur l'absence du dialogue et sur le sens unique qu'imposerait une communication. Au contraire, dans l'acte de convaincre, il existe fortement l'idée d'une victoire *(vaincre)*, commune *(cum)*, au terme d'une bataille qui ne se joue qu'entre arguments rationnels. L'acte de convaincre fait appel à une rationalité partagée qu'il mobilise en rendant actif l'interlocuteur. L'acte de persuader met l'autre dans une passivité qui se laisse traverser, séduire, charmer par quelque chose qui est d'un ordre différent de la rationalité. D'une part, le récepteur est un réceptacle passif ; d'autre part, il est un acteur rationnel. C'est ainsi que Habermas distingue l'*action stratégique* de l'*activité communicationnelle* : « Dans l'action stratégique, l'un influe sur l'autre empiriquement afin d'obtenir la continuation escomptée de l'interaction, dans l'activité communicationnelle, chacun est motivé rationnellement par l'autre à agir conjointement et ce en vertu des effets d'engagement illocutoires inhérents au fait qu'on propose un acte de parole. »

Comme on s'en doute, la publicité est entièrement régie par le principe de persuasion. Cela fait bien longtemps qu'elle ne songe plus à argumenter rationnellement. Tel est le rôle des créateurs, les nouveaux sophistes du jour, dont le devoir impérieux est d'être conformes à leur propre concept. Tel est aussi le danger qui menace les communications qui sont structurellement dans cette situation, comme c'est le cas de la communication télévisée. La passivité du téléspectateur reste quasi totale. Sa liberté et son activité se mesurent par l'espace entre deux boutons sur une télécommande. Il serait vain de le regretter car c'est le statut au moins provisoire de cette communication : le récepteur est l'homme devant l'émetteur d'images qu'on appelle, pour d'autres raisons, le récepteur. Mais une fois cela admis, reste un choix qui est d'ordre moral : faut-il aller dans ce sens et tout mettre en jeu pour persuader, séduire, toutes pratiques que Socrate réduisait au nom de « flatterie » ? Ou faut-il penser que cette communication dont les moyens sont si puissants impose des devoirs très particuliers ? Autrement dit, faut-il enfoncer l'homme dans une passivité fatale ? Ou faut-il, par tous les moyens, solliciter son intelligence et son activité rationnelle ? Socrate et Habermas posent là les questions morales essentielles du jour : le choix y est toujours entre l'homme comme moyen et l'homme comme fin.

Ce sont bien des questions morales et non des questions techniques. Dans la situation d'une chaîne de télévision, l'émetteur est d'emblée dans l'acte de persuader. S'il n'est agité par aucun débat moral, ni dans la mission de l'institution ni dans sa conscience, il y est et il y reste : sa seule fin est de séduire, c'est-à-dire de persuader le récepteur de demeurer sur sa chaîne, *enchaîné* pourrait-on dire. Dès lors, tous les moyens sont bons, comme ces reportages spectaculaires, et toute flatterie opportune. Si, au contraire, sa conscience, cohérente avec l'institution, s'interroge, elle ne peut le faire que dans un sens unique : Comment emprunter les voies du « convaincre » ? Comment en appeler à l'activité rationnelle de l'homme ? comment solliciter sa ré-action dans un échange sans doute fictif mais non illusoire ? Tel est par exemple l'objet d'un débat qui va agiter des idées et faire que le spectateur prenne le parti de l'un ou de l'autre, ou qui va présenter toutes les pièces d'un dossier pour stimuler sa pensée ; ou encore, provoquer en lui un désir d'informations complémentaires ; ou lui permettre de comparer différentes qualités de chansons et musiques.

Cette distinction fondamentale, d'ordre moral, joue également un rôle dans la communication interne de l'entreprise. Elle dit très clairement ce qu'il en est du respect des hommes, et s'ils sont considérés comme des réceptacles passifs ou comme des acteurs reconnus. Le mélange des genres apparaît dans les grandes manifestations de communication interne comme Biarritz ou Deauville. Tandis que les supports ne devraient être que des outils pour les travailleurs de l'entreprise, ils sont soumis à des jurys extérieurs. On le sait maintenant, la plupart sont conçus et fabriqués en fonction de ces échéances de grande reconnaissance. La communication est bien mal engagée quand elle se trompe de destinataires, entièrement conçue dans le but de séduire l'extérieur quand elle devrait être discrète, intime et confidentielle. Là encore, les salariés sont considérés comme des moyens et non comme des fins.

C'est beaucoup plus qu'un débat théorique entre information et communication, c'est un débat moral. Car les choix sont toujours à faire en fonction des grandes catégories de la communication : persuasion, séduction, propagande sont d'un côté ; culture, argumentation, rationalité, acte de convaincre d'un autre. La télévision privée est tellement régie par le principe de séduction qu'elle en vient à appliquer les premières règles du « merchandising » telles qu'elles sont exposées par Zola dans *Pot-Bouille*. Ainsi en était-il cette année des faux horaires publiés dans la presse ; en affichant un programme à 20 h 35 tout en sachant pertinemment qu'il ne commencerait qu'à 20 h 50, on conduisait le téléspectateur — conduction, séduction — jusqu'à l'émission attendue à travers un maquis de publicités diverses en le persuadant de ne pas chercher autre chose sur une autre chaîne, de peur de rater le début qui allait advenir d'un instant à l'autre.

Mais l'enseignement de Jürgen Habermas va bien au-delà de cette distinction qui prend pour objet la communication en tant que telle. Autrement dit, la morale est au cœur de la communication, mais la communication est également au cœur de la morale. En effet, la morale ne peut être une exigence que si elle est partagée comme telle. Se référant à la formulation de MacCarthy, il écrit : « Au lieu d'imposer à tous les autres une maxime dont je veux qu'elle soit une loi universelle, je dois soumettre ma maxime à tous les autres afin d'examiner par la discussion sa prétention à l'universalité. Ainsi s'opère un glissement : le centre de gravité ne réside plus dans ce que chacun peut souhaiter faire valoir, sans être contredit, comme étant une loi universelle, mais dans ce que tous peuvent unanimement reconnaître comme une norme universelle. » Cette longue citation correspond à notre propos général sur la morale et s'applique en particulier au monde de la communication même.

Elle affirme, dans son vocabulaire philosophique, que la communication elle-même est une condition de la moralité ou que cette dernière se déduit en partie de son statut. Tel est la condition première du *principe d'universalisation* qui est au cœur de toute morale — qu'il soit immédiatement inclus dans la conscience pour Kant ou déduit d'un accord de la communauté des hommes pour Habermas. La moralité ne peut être reconnue que si la volonté est commune, mais commune au travers d'une communication qui respecte la démarche du « convaincre », qui ne soit pas obtenue de force, que ce soit par la voie du raisonnement déductif, par le truchement de preuves empiriques ou par une flatterie rhétorique. On voit que cette proposition disqualifie immédiatement toutes les éthiques d'entreprise décrétées.

Mais au-delà, l'enjeu est considérable et affirme

bien, comme nous le reprendrons plus loin, que la moralité d'une population, ou plutôt sa capacité à s'interroger moralement, dépend pour une grande partie des modalités inhérentes aux communications qui la traversent et la parcourent. Si tous les nœuds importants de la communication sont parasités par la rhétorique, il n'est pas d'accord possible et chaque conscience perd ses repères.

Pour expliciter ce fait, il suffit de reprendre les conséquences du « persuader » et du « convaincre ». Dans le premier cas, l'accord sur une idée ou une pratique commune (chaîne choisie, produit acheté, vote conquis) est essentiellement versatile. En effet, il est le fruit de la flatterie, d'une action à sens unique et donc d'une passivité essentielle. Il suffira d'une autre séduction pour que la persuasion opère dans un autre sens : une publicité pour Suze peut détourner de Ricard dans l'instant. Dans le second cas, l'accord est venu au terme d'une argumentation ou d'une activité qui fonde en raison la communication elle-même. La bataille a eu lieu et je suis armé pour me battre à nouveau, fort du combat déjà livré.

De même que la communication entre les êtres, selon une éthique de la discussion très précise — et Habermas entend bien ici le terme éthique comme un règlement intérieur de la discussion — qui respecte le concept d'une communication convaincante, est la condition d'un consensus moral, de même la communication télévisuelle doit passer par un tel consensus. Dans le cas d'une chaîne de télévision publique, il est nécessaire qu'un débat clair et *convaincant* permette d'identifier sa mission propre pour que soit formulé de façon claire l'ensemble des questions morales qui s'y posent. Encore une fois, cela ne dégage nullement les consciences individuelles des membres d'une chaîne privée, mais limite le questionnement moral à cette seule conscience. Tant que l'identité de la mission d'une chaîne publique n'aura pas été définie clairement et de façon collective, les conditions de sa moralité seront ce qu'elles sont. Naviguant à vue, elle oscillera en permanence entre ses clients et son public, sans aucun repère. Or s'il est un cas où les repères font cruellement défaut, c'est bien celui-là.

Je suis convaincu que, dans la quête actuelle de repères, le monde de la communication jette un trouble contrariant. A nous rendre spectateurs d'insanités ou d'obscénités morales, tout en nous faisant de ce fait appartenir à une collectivité qui les supporte, il supprime toute norme qui nous satisfasse. Les exemples du reportage ou de l'agonie de la petite Colombienne ne nous émeuvent plus que par leur pathos tandis que nous devrions nous indigner pour leur immoralité et nous interroger : qui suis-je, moi, qui prend plaisir à ces spectacles ? Qui sont-ils, eux qui les diffusent ? Et que sont donc ces êtres qui se complaisent à filmer ainsi, demeurant à deux mètres d'un être en telle souffrance ? Nos réponses sont embarrassées car nous sommes confortés par la caution télévisée — souvent cyniquement baptisée « devoir d'informer » — et par l'ensemble passif et abruti que nous formons dans l'instant.

Débarrassés de l'image, seule préoccupation obsédante et monomaniaque de tous les communicateurs, nous pouvons sortir de la valse des éthiques et travailler l'interrogation morale elle-même. La banalité consistant à dire que nous sommes dans l'ère de la communication prend beaucoup de force si nous savons que notre moralité dépend de la forme de cette dernière, de son contenu et de ses mises en œuvre singulières, comme c'est le cas dans la télévision. Nous n'avons plus le choix : parler de morale en faisant l'impasse sur la communication sape les fondements mêmes de tout questionnement. Cela vaut bien quelque argent frais pour une chaîne authentiquement publique.

Il n'est donc guère étonnant que le monde médiatique soit si peu agité par les questions d'éthique et de morale. A vrai dire, quelques acteurs de cette galaxie l'évoquent ici et là ; mais comme l'enjeu est à la mesure de notre société, les voix se taisent, très tôt impressionnées par ce qu'elles soulèvent. Comme on le voit, la question morale qui nous tenaille aujourd'hui ne se pose plus en termes de carré blanc, de violence et de sexe, du moins plus en son principe. Elle se pose dans la façon dont nous serons capables de gérer nos moyens de communication les plus puissants, qui régissent en grande partie l'élaboration même de nos interrogations morales.

La plupart des hommes de télévision se taisent prudemment ; certains agissent en silence dans la qualité de ce qu'ils font. D'autres publient, mais se contentent de reproduire leurs émissions ou de profiter de leur notoriété. Il manque des discours venus de l'intérieur qui explicitent les choix à faire, d'autant que le corporatisme semble régner en maître dans les syndicats des chaînes ou institutions publiques audiovisuelles ; la carence est pesante car, en matière morale, nous ne pouvons nous passer de discours : pas de repères solides sans ce recours, nous l'avons vu avec leur disparition dommageable. Il en est encore temps car le discours éthique n'ose même pas y montrer le nez, sauf à l'occasion dans quelque galéjade. La place est libre pour le courage d'une énonciation morale qui prenne à bras-le-corps les interrogations qui nous agitent. La télévision publique est sans nul doute la plus coupable : non dans ses acteurs qui pourraient parler davantage mais dans ses choix qui ne sont pas à la mesure des enjeux qui la traversent. Ces choix dépendent, il est vrai, du politique, mais ils ne sont guère éclairés par les producteurs de qualité qui se taisent dans leurs niches sauvegardées. Devra-t-on encore longtemps regretter le temps où, voix de la France, la télévision préservait la qualité, animée parfois par une morale aujourd'hui condamnée ? Ne se prend-on pas parfois à préférer une chaîne qui multipliait de pudibonds carrés blancs, mais qui donnait à Santelli, Lorenzi ou Moati les moyens de nous convaincre ? Le cinéma était un recours possible. Tandis qu'en ces jours des soirées entières sont passées à zapper de médiocrité en médiocrité. On ne sait, comme l'écrivait Régis Debray, s'il vaut mieux des hommes politiques qui mettent la communication à leur botte, comme ce fut le cas d'après lui sous de Gaulle, ou des politiques qui sont à la botte de toute communication.

Fable

Le chercheur sceptique, le spermatozoïde apathique et l'embryon de qualité

En ces temps-là, le monde de la recherche était animé de curieux soubresauts. Dans ce monde, l'administration se délectait de commissions et comités de toutes sortes : scientifiques, interministériels, paritaires, inter — disciplinaires, nationaux, régionaux, de carrière, de valorisation, d'information, et même de recherche. Un jour, le Prince décida d'ajouter au bel ensemble un « Comité d'Éthique » !

On y restait entre soi, mais les chercheurs présents étaient là en vertu de leur appartenance confessionnelle ou partisane, pour exprimer leurs sensibilités et leurs fois en l'homme. Comme il n'était pas question de centraliser l'éthique, comme il n'est rien de plus prolifique qu'un comité, diverses institutions scientifiques et médicales s'étaient dotées de petits comités, ici et là, avec leurs présidents et leurs sessions. La tâche était noble : prévenir l'homme, au nom de l'homme, des dangers que pourrait lui faire courir le progrès scientifique. Les comités avaient compétence pour donner des avis de non-recherche. A condition qu'on le leur demande.

Hippocrate Baudu était un drôle de chercheur ; ses parents l'avaient ainsi prénommé pour en faire un médecin. Bien qu'il eût abandonné tôt ses études, il finit par devenir biologiste. Mais dans le milieu des carabins, son prénom avait toujours induit des sourires, et les autodidactes n'avaient jamais vraiment fait partie de la maison. Il confirma ce sentiment : alors qu'il n'en avait nulle obligation, il posa, avec l'appui moral de son équipe, une question originale. Malheureusement, peu familier des doctes instances, il la formula de façon maladroite : « Le Comité national d'Éthique pense-t-il qu'il est aujourd'hui permis de continuer des recherches et des manipulations ayant pour objet la fécondation artificielle par un spermatozoïde nonchalant ? » Hippocrate Baudu était très connu pour avoir emmené son équipe vers de spectaculaires succès dans la lutte contre la stérilité. Sa notoriété imposait une réponse attentive. D'autres équipes travaillaient autour du même objet de recherche et d'intervention, mais, plus prudentes, elles n'avaient pas sollicité l'avis des Sages.

La réponse fut négative : le Comité national conseilla d'abandonner les recherches en cours, l'humanité étant menacée par des développements ultérieurs prévisibles. D'ailleurs, il était inutile de prendre des risques pour quelques spermatozoïdes paresseux qui ne devaient s'en prendre qu'à eux-mêmes. Quoique l'avis demeurât secret, selon les procédures habituelles, Hippocrate Baudu obtempéra et son équipe le suivit. Mal lui en prit.

En effet, si les enjeux scientifiques restaient assez minces, les enjeux financiers et la gloire acquise par de tels travaux croissaient en importance. La crainte de la stérilité rendait les femmes et les hommes prêts à beaucoup de dépenses, voire à beaucoup de souffrances. Or, dans la même activité, des équipes concurrentes s'affrontaient, car le monde de la recherche, curieusement appelé « communauté scientifique », n'était pas épargné par la lutte féroce qui opposait les patrons de laboratoires. Ainsi, tandis que Hippocrate Baudu modifiait l'orientation de ses travaux, son principal concurrent, Jean Mammon, au demeurant membre du Comité national d'Éthique, choisit une autre procédure. Il préféra demander avis au comité local de son établissement, dans lequel il exerçait grand pouvoir. L'expérience aidant, il décida de formuler autrement sa question : « Est-il permis de satisfaire notre cliente en lui proposant un produit de qualité ? » La qualité était à la mode, son côté japonais, le souci du client dans un hôpital souvent déshumanisé étaient dans l'air du temps. Sensible au pouvoir de Jean Mammon, fasciné par la qualité des produits et par la gloire qui ne manquerait pas de retomber sur l'hôpital, le comité local d'éthique répondit positivement à la question : oui, décidément, il fallait satisfaire les clients. On félicita l'amour du travail bien fait, les perspectives d'exportation et l'investissement des laboratoires. L'avis positif étant donné, Jean Mammon continua ses recherches, alléché par le monopole qui s'annonçait. Les faits confirmèrent son intuition : le marché explosa et le laxisme ambiant prit en pitié les plus cossards des spermatozoïdes.

De son côté, Hippocrate Baudu respectait l'avis négatif du Comité national d'Éthique et en revendiquait la justesse ; il en fit sa loi et s'étonna du silence des Sages face aux travaux qui continuaient ailleurs : comment pouvait-on tolérer ces premiers pas vers la fabrication d'êtres humains sélectionnés selon des critères arbitraires ou dangereux ?

Le Comité, un peu gêné, nia même avoir jamais donné tel avis. En rompant ce silence incompréhensible, Hippocrate Baudu transgressa les règles de l'éthique professionnelle, ce qu'on appelle aussi la loi du milieu. Celle-ci recommandait de ne pas attaquer les collègues et surtout de ne pas critiquer le Comité national, ni son président. Le crime était double : *lèse-éthique* et *lèse-recherche*. On n'arrête pas le progrès ni l'éthique sans dégâts. Hippocrate Baudu, vieux trotskiste, n'aimait pas parler de « morale », par crainte de passer pour réactionnaire. Il s'enferra donc dans une lutte « éthique contre éthique », « éthique contre recherche », « éthique contre profit ». Il mobilisa des juristes, des philosophes, des médecins, des féministes, des psychanalystes. Plus personne n'y comprenait quoi que ce soit puisqu'on ne restait plus entre soi. Le combat était perdu d'avance : il existait une instance reconnue, établie en matière d'éthique, elle ne pouvait être mise en cause, même dans ses appendices locaux. Il était interdit de revendiquer le mot « éthique » pour critiquer une recherche en marche : on avait installé un comité, il statuait. Un comité d'éthique n'a de leçons de morale à recevoir de personne !

Hippocrate Baudu en fit-il trop ? Toujours est-il qu'on appréciait peu ses prestations médiatiques. La recherche scientifique ne devait sa réputation de pureté qu'au secret qu'elle entretenait jalousement ; dans l'hôpital public, on cachait les flux financiers que représentait la clientèle privée et les profits qui pouvaient être faits en secourant la stérilité. On lui conseilla d'être plus discret s'il voulait garder son rôle, puis sa place à l'hôpital et dans la recherche. Des Américains lui offrirent un pont d'or pour continuer ses travaux chez eux, mais il préféra continuer à écrire et à parler, moralement convaincu des dangers à venir. Les mandarins blessés dans leur institution médicale se liguèrent ; les bureaucrates de la recherche, autrefois fiers de ses succès, se firent absents puis virulents. Il persévéra et fut démis de ses fonctions à l'hôpital. Comme il donnait de la voix, on suggéra qu'il était un peu caractériel ; on l'accusa de ressentiment ou de rancune après la perte de son poste. Curieusement, dans une telle posture, il vit se défaire des amitiés et s'en nouer de nouvelles. Les unes avaient couru après la médiatisation de ses exploits scientifiques ; les autres partageaient plus simplement son inquiétude morale. Les politiques voulaient auparavant son avis, ses conseils et quelque poignée de main photogénique, ils refusèrent désormais de le recevoir.

Il erra longtemps, longtemps, surveillant la croissance des enfants qu'il avait fait naître avant d'abandonner ses travaux ; éloigné de l'intervention hospitalière, il publiait des essais dont le Comité national n'avait cure. Il lui rappelait toujours son avis négatif et lui demandait d'être cohérent : parfois, on rendait hommage à ses « scrupules » intimes. On suggérait que des problèmes personnels en avaient fait un écorché vif et un être torturé.

Hippocrate Baudu s'inquiétait pour les hommes. Ses questions demeuraient, sans réponse. Il prit progressivement la mesure de l'Éthique en marche qui siégeait dans la cité. Il commença à faire la distinction entre la morale, qui le perdait, et l'éthique, qui faisait triompher ses ennemis. La bataille était trop inégale car l'éthique payait, et payait même bien. On l'accusa de rechercher dans les médias la notoriété qu'il avait perdue dans la science. Pourtant ses droits d'auteur sont restés minces auprès de ce qu'auraient rapporté les consultations de patients déroutés.

Pendant ce temps, sous le poids des ordonnances, les corps de femmes et les embryons multiples valsaient avec les éthiques : on implantait plusieurs embryons pour ne garder que le meilleur ; les parents aux yeux bleus et aux cheveux blonds avaient désormais la garantie de se reconnaître dans le regard et la crinière de leurs enfants. Les handicapés devinrent tellement rares que l'Etat institua une taxe pour punir les parents qui, en faisant l'amour sans contrôle médical, n'avaient pas pris les précautions nécessaires : la taxe serait proportionnelle aux charges que feraient peser sur la société les difformités recensées. Le Comité d'Éthique, consulté sur cette mesure, renvoya à une autre instance, en avouant son incompétence : il ne s'agissait plus de bioéthique, mais d'une mesure fiscale ; comment aurait-il pu émettre un avis ?

L'éthique, même installée en instance nationale, reste locale : elle est avant tout la loi d'un milieu. Quelle que soit la bonne foi de ceux qui en assument les responsabilités, le tropisme garde sa force. L'éthique, c'est aussi une réponse des corporatismes.

5.

L'éthique en comités

Science et médecine ont largement contribué à diffuser cette notion d'éthique dont seul l'usage pratique nous importe. La responsabilité de l'intervention médicale, les risques d'une recherche dont les conséquences échappent au chercheur, la relation aux malades incurables sollicitent à juste titre les consciences. Il serait déplacé de mettre en doute la nécessité d'une réflexion concernant les dangers que représente le progrès scientifique, quelles que soient la vanité et la naïveté de ses détracteurs. Mais depuis quelques années, l'éthique n'est pas tant diffusée qu'installée. C'est là un fait historique nouveau : l'éthique a ses comités, instances officielles qui tentent de dire le bien et le mal, dans des champs circonscrits. Il s'est donc créé un corps professionnel qui a en charge l'éthique d'une société, la nôtre.

Or il est très délicat d'imposer une instance qui objective les consciences. La bonne foi ni les compétences ne sont généralement en cause, mais le principe et ses conséquences. Quand le législateur n'ose prendre les moyens de ses convictions, il peut se défausser sur de nouveaux spécialistes chargés d'avis et non de lois. Pourtant, les questions qui agitent, ces derniers temps, les champs médical et scientifique heurtent de front la conscience morale car elles mettent en jeu notre conception de l'homme et nos responsabilités.

Nous sommes toujours animés par un morbide et formidable besoin de maîtrise. A peine venons-nous d'y renoncer dans l'ordre économique et social que nous y retournons dans l'ordre médical. Il nous faut des catastrophes historiques pour nous en départir ou des catastrophes imaginaires pour nous en inquiéter. Sans la débâcle des pays communistes, il resterait bien des espoirs dans la parfaite maîtrise du système social et la conception utopiste de projets programmés. On n'écoute pas les Cassandre tant qu'un cortège d'horreurs ne les a pas réhabilitées. Nous consommons du sang, des massacres, des prisons comme prix de nos illusions perdues. La cause en est toujours identique : à refuser de regarder le Visage d'Autrui, nous pensons un système et l'harmonie dans laquelle il s'oublie.

L'imaginaire tient quelquefois lieu de prévention, dans l'appareil de la science-fiction ou le genre de l'horreur. Le besoin de maîtrise peut s'angoisser de Fahrenheit ou de la révolte des robots ; nous ne nous pensons apprentis-sorciers que si nous racontons la sorcellerie suicidaire. Ainsi le docteur Jekyll s'abîme-t-il dans la terrible mort d'un Mister Hyde. La maîtrise du mal, par la connaissance et la science de l'antidote, excède notre pouvoir. Ainsi faut-il que l'artefact de Frankenstein se retourne, tueur, contre les vivants, pour qu'on s'inquiète enfin des manipulations d'un savant sur le corps des hommes. Je ne crois pas que le principe de responsabilité passe par l'élévation de la peur à la dignité d'un principe moral, comme le développe Hans Jonas.

Les Grecs nommaient catastrophe le dénouement, la fin de la tragédie. Si nous ne la voyons pas, si, toujours incrédules devant nos limites, nous n'en touchons pas les plaies, nous continuons jusqu'à la rencontrer, tout surpris d'une saison en enfer. La recherche médicale et scientifique est aujourd'hui dans la même situation : tant qu'elle ne pressent pas l'apocalypse, elle ignore superbement la conscience morale. Cette dernière formulation est optimiste. On pourrait dire aussi : *profitant* de la perte historique de nos repères, des chercheurs s'insinuent dans le vide moral et rentabilisent notre désir de maîtrise toujours recommencé.

Dès qu'il est question de génétique, de manipulations, d'embryons, d'eugénisme, la catastrophe semble derrière nous. Nous feignons de croire qu'elle ne peut être que d'ordre politique. Notre démocratie nous protège, croyons-nous. Les leçons sont tirées d'une histoire récente où l'horreur avait clairement les traits de la dictature. Nos médecins, leurs patients, les femmes engrossées sont à l'abri de ces projets maudits. Admettons-le. Faisons comme si. Le problème n'est pas pour nous d'éviter la catastrophe. Nous prenons l'habitude de ne nous mobiliser que dans la peur ; telle est la lâcheté des éthiciens qui n'exigent de vertu que si elle paye, c'est-à-dire, ici, si elle évite le pire. « Attention, casse-cou ! » écrit Alain Minc pour nous persuader d'une vertu nécessaire. Il faudrait encore nous convaincre de n'agir que pour sauvegarder, c'est-à-dire garder, thésauriser nos acquis historiques. L'interrogation morale n'attend pas la catastrophe pour mobiliser la conscience : elle ignore le prix de ses réponses ; elle s'impose sans se préoccuper du gain possible ni de son envers, l'économie d'un désastre.

Sans doute pourrions-nous prendre divers exemples dans la recherche scientifique contemporaine, mais le plus significatif est précisément celui qui met en conflit une instance nationale et des humanistes plus soucieux de morale que d'éthique officielle : tel est le cas des pratiques concernant la fécondation artificielle. L'erreur consiste à poser le problème en termes politiques, c'est-à-dire à ne voir de dangers dans les travaux en cours qu'en liaison avec la Cité ou le type de régime politique qui la gouverne. La démocratie n'est pas une garantie morale, même si elle préserve de la catastrophe. En effet, elle va de pair avec une économie de marché dans laquelle les flux financiers peuvent, en eux-mêmes, induire des comportements moralement suspects, comme nous le savons tous bien.

Revenons donc sur le cas précis des polémiques engagées entre Jacques Testart et les instances régulatrices de la recherche. La polémique n'est certainement pas le meilleur genre littéraire dans ce type d'affaire, mais son existence même montre bien que les intérêts se mêlent étroitement aux préoccupations de recherche, d'autant plus que, dans le débat en cours, la part de recherche est minime et la part d'intervention beaucoup plus grande. L'enjeu moral n'est rien moins que l'eugénisme, quelquefois nommé en la circonstance « eugénisme doux ». Le détail technique importe peu, ses développements médiatiques servent à dissimuler ce qui se joue effectivement.

Diverses manipulations parviennent aujourd'hui à féconder artificiellement un ovule, et il est désormais possible d'analyser quelques qualités des parties en présence : sexe ou dispositions génétiques dangereuses du spermatozoïde, de l'ovule puis de l'embryon.

Autrement dit, nous approchons de la phase où l'on sera en mesure de proposer à un couple un « produit de qualité », aussi appelé « enfant ». Nous entrons évidemment dans une spirale sans fin. Dès qu'il est question de qualité, la concurrence commence et le client met en avant des exigences croissantes. Elles peuvent être limitées à la détermination du sexe, mais on voit mal de futurs parents renoncer à aller plus loin : éviter la trisomie, choisir la couleur des yeux, le toucher du poil, anticiper tel ou tel handicap génétiquement détectable. La réaction de ces parents sera compréhensible car l'imaginaire s'inquiète toujours du caractère artificiel de telles opérations et y trouve comme intérêt principal le contrôle médical. De plus, nous croyons logiquement le risque plus important puisque nous savons que de nombreux avortements spontanés sont dus à des malformations rejetées par le corps maternel. En forçant la nature, nous subodorons un danger supplémentaire que des corrections initiales pourraient prévenir.

Dès lors, le problème qui s'impose à notre conscience ne relève pas d'une éthique locale : dans les pratiques actuelles et jusque dans l'avant-projet Braibant, le concept essentiel est celui d'un *projet parental*, ce qui signifie que « la seule identité prise en compte est celle des parents » (Bernard Edelman). L'embryon, le fœtus ou l'enfant ne sont que des moyens, jamais envisagés du point de vue de leur identité singulière. On y parle sans sourciller de « réduction embryonnaire » pour qualifier l'opération qui consiste à supprimer des embryons qui se développent en surnombre après avoir été intentionnellement implantés dans un utérus accueillant. La question du choix des embryons éliminés semble indifférente : sexe ? Grosseur de la vessie ? Facilité de l'intervention ? Le corporatisme des médecins s'y retrouve puisque le projet parental inaugure un couple inédit : *projet parental-médecin*. Les embryons sont traités comme des choses, comme des objets de la liberté des parents et des chercheurs. Cela s'appelle effectivement l'*esclavage* puisque ce concept qualifie « la liberté qui prend pour objet un être humain« (Bernard Edelman). On voit ainsi comment, de façon très insidieuse, les arguments nés de la lutte pour l'avortement sont dévoyés par le biais d'une réification de l'embryon. Cette situation est bien mise en valeur dans l'exposé des motifs de la proposition de loi présentée par Christine Boutin : « Le législateur doit seulement considérer que l'embryon provient d'êtres humains et se développera en être humain sans jamais avoir le statut de chose disponible. »

Il est très hypocrite de fonder sur la mécanique bien connue du don la moralité des manipulations sur l'embryon. On part du principe que la gratuité fonde la moralité, même s'il existe, *de facto*, une dénégation effective de tous les droits de l'embryon. Or, d'une part ce principe est moralement contestable, d'autre part les interventions telles que la fécondation *in vitro* (FIV) entrent très rapidement dans un circuit profitable.

Nous sommes donc confrontés à une situation nouvelle dans laquelle les parties prenantes seront très vite contraintes malgré qu'elles en aient. Entre deux interventions dont l'une garantira l'exemption de certains handicaps et l'autre non, la concurrence sera déloyale. Très vite, une anomalie sera connue et les équipes qui refuseront de satisfaire aux exigences des parents seront désertées. On commence déjà à voir, dans le cas de la FIV, des couples qui pourraient probablement s'en passer, mais se rassérènent à voir tous les processus s'engager sous surveillance médicale avec des perspectives de contrôle accru.

L'engrenage n'est pas catastrophique mais pose, en cascade, une série de questions essentielles : peut-on sans y prendre garde multiplier les transferts de plus de trois embryons de façon à s'assurer de la réussite des opérations ? Peut-on appliquer la FIV à des cas de plus en plus variés qui vont des carences ovariennes aux défaillances psychologiques en passant par la simple réduction des délais habituels de procréation ? La banalisation de cette technique pose une question morale qui n'est pas officiellement traitée tant les repères se sont absentés de notre société, ou plutôt tant les repères, au lieu d'être de nature morale, sont devenus idéologiques.

Par crainte d'être assimilé aux réactionnaires luttant sauvagement contre l'avortement, on refuse toute formulation authentiquement morale du problème posé. Je rejoins ici, sans hésitation, les phrases les plus directes de Jacques Testart : « Pour certains, l'évitement des anomalies par ségrégation des œufs n'est en rien condamnable puisque notre société technicisée se doit d'offrir ce service à ses citoyens comme elle le fait de mieux en mieux pour les autres services. Mais c'est nier en quoi la connaissance de l'œuf préalablement à la grossesse ouvre une ère nouvelle. » Ou encore : « Ma conviction est que l'œuf humain ne peut devenir un matériau sans que les adultes en soient atteints dans leur liberté, sans que les sociétés ne se conforment à des espaces d'élevage, sans que l'humanité ne tende à une position purement zoologique. » Ces propos n'exagèrent nullement l'importance des questions qui se posent à la fois pour l'humanité en général et pour les femmes en particulier. Dans le court terme, le corps des femmes devient objet d'expérimentation : pour plus de sécurité, on implante des embryons surnuméraires qui seront retirés ou sélectionnés ultérieurement si tous fonctionnent bien. Les grossesses multiples sont donc orchestrées et les avortements, pour raisons expérimentales, programmés.

Mais le plus grave est encore ailleurs : faute de repères, on a insensiblement décalqué un raisonnement qui s'appliquait à l'avortement sur le problème spécifique de la fécondation *in vitro*. Il est maintenant admis par la loi qu'un avortement ait lieu en cas de malformation grave constatée sur le fœtus. Le débat est assez clair sans que les réponses soient évidentes, car, après tout, nous agissons sans doute ainsi du fait de notre incapacité sociale à supporter les handicapés. Mais tout autre est l'argumentation plaquée sur la prévision *a priori* de ce que sera l'embryon. On dit que les conséquences sont les mêmes. Or ni physiquement ni moralement elles ne sont identiques. Car l'avortement est une épreuve douloureuse qui, par sa nature, limite la portée de dispositions libérales. Tandis que la prévision *a priori* est pure opération intellectuelle : c'est le choix d'un produit dont la qualité est jugée convenable ou insuffisante. Parti de l'industrie, le « zéro défaut » gagne la fécondation. Nous pourrions sottement nous réjouir de n'être pas de ces barbares qui suppriment les bébés de sexe féminin à la naissance. Jeté à la poubelle de l'hôpital, l'embryon, considéré comme encore inhumain, n'émeut pas la sensibilité humaine comme le fait la liquidation d'un bébé rose. Précisément, nous voyons là que notre seul repère est la sensiblerie, l'immédiateté d'une émotion qui n'est pas de nature morale mais réflexe.

Elle jouait déjà pour la loi de 1975, qui prenait argument de la détresse des femmes. Il ne faut pas sous-estimer les déplacements auxquels cette argumentation peut prêter. Il s'agissait d'abord du droit des femmes à disposer de leur corps. Soit. Puis la même thérapie a été acceptée, sans sourciller, comme droit à ne pas mettre au monde un enfant anormal. Dans cette période d'exaltation des droits de l'enfant, on n'hésitera pas à parler sans vergogne d'un droit de l'enfant à ne pas naître ! Nommer cela un « eugénisme doux » est un euphémisme brutal : l'eugénisme « bon enfant » est en fait rampant. Toute notre condition d'homme est engagée dans un tel processus. Et nous ne pouvons pas attendre l'industrialisation de la FIV pour nous interroger. L'eugénisme menaçant utilisera tous les arguments que lui fournira l'éthique des affaires : honnêteté, concurrence, qualité, service du client, amélioration du service rendu ; il a déjà commencé à s'appuyer sur « la misère humaine insoutenable » (L. Gavarini).

Le profit rejoint ici notre désir de maîtrise. Pour la simplicité des manipulations, il se satisfait plus vite dans le travail au commencement, sur les « personnes humaines potentielles » telles que les définit le Comité national d'Éthique. Notre imaginaire y est moins éprouvé que dans les expériences du docteur Frankenstein.

Nous allons donc entrer dans un conflit des devoirs dont l'éthique à la mode rend mal compte, car elle en est partie prenante. Deux devoirs sont désormais en présence : le premier est un nouveau devoir, comme on dit un poireau nouveau ou un nouveau-né ; il désigne un nouvel interlocuteur, le client. Le second est un devoir ancien, même si une nouvelle formulation est sollicitée sous la pression des recherches aveugles.

Le premier, d'essence économique, pourrait se formuler ainsi : en tant que médecin, n'ai-je pas un devoir d'anti-hasard ? Dans les processus naturels, le hasard joue un rôle exclusif, dévolu aux actes du désir. Dans l'intervention artificielle, le praticien ne doit-il pas conjurer tous les sorts pour livrer une marchandise de qualité ? Telle est la formulation générale des rapports contractuels du fournisseur et de son client. On pourrait imaginer, à terme, un contrat d'assurance-qualité comme il s'en passe dans l'industrie, et désormais intégré au serment d'Hippocrate. Allons même plus loin : au bout de la chaîne, on peut imaginer que l'Etat sanctionne les parents négligents : faute de précautions, ils pèsent sur le budget social de la nation. Notre système national d'assurances, en déficit chronique, se satisferait en effet d'une amende imposée aux parents irresponsables d'un enfant anormal. Comme on dit, la prévention coûte moins cher que l'hospitalisation.

Le second devoir, d'essence morale, est plus grave : ne doit-on pas renoncer à cette maîtrise obsédante et donc à ces recherches qui ont assez peu d'intérêt scientifique mais beaucoup de conséquences pratiques ? (Il faut rappeler que ces interventions court-circuitent la vraie connaissance des mécanismes de la stérilité et sont en fait un raccourci purement technique, à faible valeur scientifique.) N'est-il pas de notre devoir de prévenir tous les germes d'eugénisme ? Ce dernier est à nos portes : on nous annonce déjà les premières grossesses obtenues avec des embryons au sexe déterminé. Et il ne se trouve actuellement que 5 % des professionnels de la fécondation *in vitro* pour désapprouver le tri génétique des embryons.

Le premier devoir relève de l'éthique des affaires : il définit assez bien ce que pourrait être une éthique médicale quand on a tout perdu de la moralité. C'est un nouveau challenge, comme on les aime et comme l'énonce le titre d'un article « scientifique » : « *Choosing the right embryo : the Challenge of the Nineties* ». Et comme l'éthique des affaires ne recule devant aucune formule, on entendra bientôt arguer qu'il s'agit d'aider les spermatozoïdes handicapés. Le second devoir correspond à une interrogation d'essence morale. Le premier est le devoir du pingre, pour qui l'éthique est un calcul économique et qui pense à hauteur de matériau ; le second, le devoir de l'homme généreux qui pense à hauteur d'homme. La différence n'apparaît que dans le conflit moral qui doit être formulé comme tel. Ainsi Jacques Testart peut-il affirmer que, la pratique du tri génétique n'ayant pas pour but la santé mais la maîtrise de la vie, le problème est bien celui d'un devoir moral : « On est en droit de considérer cette démarche comme une perversion, on a le *devoir* de reconnaître qu'une fois lancée sa dynamique est irrémédiable. » Sinon, l'éthique des affaires s'applique sans scrupules, sous le nom professionnel de *déontologie*. Or, en cette matière, le concept de client perd sa validité : il est crucial de le reconnaître.

Dans ces conditions, il faut bien évoquer le trouble rôle d'un Comité national d'Éthique. Comme l'écrivait Jean Bernard, « nous sommes très soucieux de ne pas retarder la recherche ». Cet éthique souci se double d'une crainte légitime vis-à-vis de toute « morale d'Etat ». Mais l'existence d'une instance officielle, et dignement installée, légitime désormais ce qui se fait. Elle laisse planer le danger d'une « éthique-miroir du milieu scientifique enchâssé dans son intérêt à ne pas être freiné » (L. Gavarini). La responsabilité d'un Comité d'Éthique devient donc morale car le silence est lourd et le secret pesant. Il donne une légitimité nouvelle à ce qui se fait dans les laboratoires et les hôpitaux, et cautionne ce qui se poursuit dans des établissements plus privés. Il exerce alors effectivement « une fonction psychologique de réassurance », beaucoup plus qu'une fonction morale.

On a quelquefois tendance à confondre le confessionnal et la réflexion morale. Le premier n'engage que l'individu, la seconde engage l'humanité. Autant sied le secret aux aveux subjectifs, autant sied la publicité aux avis éthiques. Ainsi tout avis négatif devrait-il être mieux diffusé et toute contradiction entre des comités locaux et un Comité national soumise à débat.

Par ailleurs, les prérogatives d'un tel Comité sont ou aberrantes ou lilliputiennes. Quand les compétences concernent, selon Jean Bernard, le respect de la personne, le respect de la connaissance, la responsabilité du chercheur, le refus du luxe et de l'argent, on est en droit d'entendre des avis fréquents, officiels et efficients. Toute la société vit de ces notions, même si le luxe et l'argent sont toujours dissimulés dans les milieux médicaux. Or on perçoit une plus grande sensibilité aux problèmes très médiatisés (comme les mères porteuses) qu'aux problèmes de fond qui mettent en cause des convictions morales fortes. Il est vrai que les rituels désormais adoptés par le Comité (textes, colloques, discours) sont propices à ce genre de dérive : on communique sur le plus médiatique et on se tait sur le plus moral.

Plus encore que d'un Comité national, nous avons besoin d'une conscience morale qui ait les moyens de s'interroger, et, s'il en est besoin, d'une loi qui prenne la mesure de nos responsabilités. Rien ne permet en effet de présupposer que les chercheurs sont honnêtes et désintéressés. Au contraire, la plupart des conflits récents — par exemple les polémiques sur la découverte du virus du sida — montrent que la concurrence, l'industrie pharmaceutique, le marché et les flux financiers sont directement engagés dans des recherches ou expérimentations qui nous concernent tous. De telles interrogations restent insuffisamment médiatisées, or elles sont éminemment formatrices.

Elles nous permettraient de retrouver des repères toujours utiles dans l'évolution très rapide des problèmes que nous posent les sciences de la vie et leurs débouchés dans les pratiques médicales. Au contraire la pratique du secret, par nature non démocratique, occulte non seulement les réponses mais surtout les questions qui méritent de n'être pas traitées à l'ombre des comités. L'espèce ne peut déléguer à des spécialistes la tâche de définir des repères. On peut rêver d'une société où le mot « bioéthique » aurait disparu non seulement faute d'élégance, mais aussi faute de spécialistes. Il s'agit, là encore, d'une importation venue d'outre-Atlantique. Parcellisée, localisée, professionnalisée, l'éthique s'étrique : elle n'est rien de plus qu'une déontologie qui se pare d'un concept valorisé. Que signifie d'ailleurs ce mot dont l'usage est réservé à des spécialistes qui composent les comités ? Une éthique du vivant ? Ce serait assez absurde ! Une éthique de l'homme ? En quoi les compétences seraient-elles réservées aux biologistes et aux médecins ? Forte d'une vertueuse eutrapélie, la vraie morale se moque de l'éthique encornée en comités : « La morale du jugement se moque de la morale de l'esprit qui est sans règles » (Pascal). Mais elle doit pour cela conjurer le secret et se nourrir dans la communication et le consensus.

La question est bien de savoir si nous voulons *à tout prix* contourner, éviter, voire nier les obstacles que notre condition d'homme met en face de notre désir de maîtrise : la souffrance et la mort, le handicap et la vieillesse, le hasard et l'infécondité. La vraie question est de savoir si la science a pour mission de nous affranchir de la condition humaine. Dans un film célèbre, Woody Allen, en spermatozoïde blanc, s'étonne de rencontrer un spermatozoïde noir au milieu de tous les blancs qui s'activent en pleine érection : puissions-nous rire encore longtemps de ce moment d'égarement !

Mais l'affaire de la FIV est, sans doute, le résultat local d'un mélange permanent d'activités médicales et d'activités aux marges de la science. L'hospitalisation contemporaine fait du corps des hommes le plus grand champ d'expérimentation qu'aient jamais eu à leur disposition d'autres hommes, nommés scientifiques. Les femmes en sont victimes dans l'abus de FIV, comme ailleurs. Très souvent, dans les hôpitaux, les malades passent du statut de fin au statut de moyen. Si leur cas est intéressant pour la médecine, ils sont l'objet de soins particuliers, quitte à prolonger un peu leur séjour ou à multiplier les interventions ou examens inutiles. Nous avons tous été un jour frappés de n'être pas un visage pour le grand patron venu nous ausculter et qui, avant même de nous regarder, se jette sur le dossier ou le tableau médical. La vraie morale commence là, avec l'individu, dans la politesse et la générosité. Plaidons la même attention pour « les personnes humaines potentielles » !

Espoirs

La valse des éthiques exprime sous la forme d'une mode éphémère notre besoin d'un retour à la morale, une morale qui ose dire son nom. Elle l'exploite sans vergogne dans l'usage abusif de consciences sincères, détournées des vraies finalités dont elles voudraient se doter, emportées par ces épidémies cycliques qui traversent le management. Elle nous propose des éthiques divisées, corporatistes, bien insérées dans des espaces de pouvoir. Ainsi donne-t-on un tour moral à de simples règlements intérieurs ou déontologies qui méritent sans cesse d'être confrontés à de plus hautes exigences, dites morales.

Mais la critique fait apparaître la réalité du besoin enfoui dans les consciences, affleurant aujourd'hui à leur surface. Dans l'abandon des scories et la reprise du discours et des actes, nous pourrons retrouver nos repères, sans crainte d'un départ entre le bien et le mal. Le temps n'est plus aux réponses péremptoires, il est aux interrogations. La morale n'a jamais consisté à fournir un « prêt-à-agir », elle est depuis toujours une sollicitation de la conscience.

Les éthiques nous rivent au local, quand il faut penser le global. Il nous faut donc sortir de l'hypothétique pour s'assurer du catégorique. Ce terme n'est pas à prendre comme le diktat d'un grand Edicteur, mais comme la recherche de questions impératives. Pour nous engager dans cette voie, nous avons à retenir tout ce pour quoi la morale a prêté aux pires dérisions et critiques. Notre temps n'est pas irréversible : il faut effectivement jeter l'eau sale tout en gardant le bébé. Et répéter l'opération, sachant qu'il en était dans le moralisme d'antan comme dans la valse contemporaine. Ces temps révolus d'agression contre la morale donnent des indications pour notre avenir.

En premier lieu, il nous faut, sans conteste, supprimer toute référence essentielle aux choses du sexe. Certes, elles n'échappent pas aux effets de la morale, comme tout ce dans quoi s'engage l'homme, mais elles ne sauraient ni être au principe ni produire une focalisation — on pourrait dire une obsession — particulière. Il est essentiel que nous rompions avec la tradition qui nous fait qualifier d'immorale la vie de don Juan, la santé de Carmen ou la performance de Casanova.

En second lieu, toute connivence avec l'ordre social doit être balayée. L'interrogation morale ne peut partir d'un ordre tel qu'il est ; l'entreprise répète cette erreur lorsqu'elle nomme éthique ce qui assure sa performance sur le long terme. La vraie morale reste indifférente aux belles machines, et son rôle n'est pas de huiler des rouages ni d'apporter sa contribution au fonctionnement d'une organisation. Toute morale née de l'ordre est un ordre donné par cet ordre, étouffant les critiques et le doute. L'interrogation morale, au contraire, tire sa légitimité de la conscience dans sa relation aux autres consciences ou dans son regard du

Visage d'Autrui : elle ne consacre aucune puissance, aucun pouvoir, aucun territoire. Les repères qu'elle donne aux hommes sont des nœuds d'où surgissent des interrogations, des frontières à partir desquelles on soupçonne et se soupçonne, une démarcation dont on cherche la ligne. Sans doute est-il de bonne guerre — quand on veut guerroyer ou qu'on se croit en guerre — de chercher à satisfaire notre exigence morale avec ses souvenirs, dans la nostalgie des interdits et des autorités. Telle est la tentation réactionnaire qui ne manquera pas d'apparaître dans ces temps qui courent, et qui, déjà, entame son discours pétri dans le sang de la détresse humaine, dans le virus du sida.

C'est pourquoi nous savons qu'une troisième condition est peut-être encore plus urgente car elle prévient les deux autres : la morale devra éviter la haine. Dans sa généalogie de la morale, Nietzsche nous a légué une analyse décisive et appris une vérité : *la morale commune était habitée par la haine*. Elle n'en était pas entièrement pénétrée, mais la laissait affleurer aux détours de ses accusations et au fronton de ses inhibitions. Durant des siècles, la morale a été animée, de façon essentielle, par le ressentiment, par le plaisir d'accuser, par la « haine vindicative de l'impuissance », pour reprendre son expression favorite. Il manquait à la bonté d'être positive : elle s'exhibait avant tout dans la haine de la méchanceté. « Tu es méchant donc je suis bon. » Ainsi Nietzsche résumait-il le raisonnement des faibles, toujours avides de mépriser les êtres capables de faire tout ce pour quoi ils ne se sentent pas assez forts. La remarque est puissante : même au cœur des dénonciations les plus vertueuses de la corruption, n'y aurait-il pas ce ressentiment très vil de l'impuissance ? En nous débarrassant de cette morale accusatrice qui ne sait que nier, dénoncer, en somme hurler avec les loups, nous arracherons la mesquinerie et la petitesse qui pesaient sur tous nos actes. Cette morale était négative dans son principe, dans l'avenir elle sera positive, affirmative, ou ne sera pas. Si Nietzsche admirait le Christ, c'était pour révérer en lui le créateur de valeurs actives, affirmatives. Dans le discours des plus irresponsables comtempteurs de la morale, cette négation d'une négation n'a jamais su devenir une affirmation. On avait alors peur de revendiquer et d'assumer un concept de morale trop disqualifié.

La morale ne peut s'enraciner dans la haine, ferment de toute guerre. Lasse de dénoncer, il lui faut aujourd'hui énoncer. Il n'est point besoin de préceptes pour la guerre, la morale à venir est un enseignement de paix. Kant et le Christ se rejoignent : l'un qui entamait son grand ouvrage moral par le concept de « bonne volonté », comme paradigme de la conscience rationnelle commune de la moralité ; l'autre qui, dix-huit siècles plus tôt, affirmait : « Paix sur la terre aux hommes de bonne volonté. » L'exigence de morale est aujourd'hui une exigence de paix. Dès qu'elle prend un visage haineux, dès qu'elle suggère le bourreau, elle se disqualifie comme morale. Tel était précisément le cas des discours qui s'obnubilaient sur le sexe ou sur l'ordre social. Ils étaient surtout stimulés par une peur, toujours mauvaise conseillère. On ne rassemble pas dans la haine mais dans son contraire, qui l'ignore, superbement. En notre époque, peuvent s'accorder sur la morale des hommes autrefois séparés par des luttes et des corporatismes aujourd'hui dépassés. Chrétiens et francs-maçons ont sur l'homme des avis et des actes qui se rejoignent dans une pensée morale. Je doute que le point de vue moral de Jean-Paul II sur l'entreprise et l'économie de marché rencontre beaucoup d'oppositions dans les loges de France. Ce n'est pas la métaphysique qui peut réunir ces vieux et archaïques ennemis, c'est le dépouillement d'une morale.

Si l'exigence est présente et la haine condamnée, s'ouvre désormais pour nous la chance d'une morale nouvelle, qu'il faudra à la fois penser et agir. Les éthiques locales ne survivront guère car elles renvoient, elles aussi, à un ordre social, même s'il est local. Quand on nous parle aujourd'hui d'un retour de la morale, on risque d'entendre la paraphrase d'un slogan politique malheureux : au secours, la morale revient. C'est le mot qui revient, mais son contenu a changé sous l'effet de l'histoire et sous le coup des critiques. Les discours ont été impuissants à tuer ce qui est un ressort très profond de l'homme. Mais ils auront peut-être contribué à nettoyer la morale de ses impuretés bourgeoises.

Je n'ai pas la prétention, en critiquant les éthiques multiples, de me poser en fondateur d'une morale nouvelle. Tout au plus pourrais-je en quelques traits tirer les conclusions des discours, des pratiques, en somme des nouvelles exigences pour l'évaluation de nos comportements. La morale future peut s'organiser autour de trois principes fondamentaux : le *poids de la parole*, la *cohérence des discours et des actes*, la *générosité*. Ces trois concepts font système car ils subsument l'essentiel de nos désirs face à l'autre. Ils inspirent ce que Kant appelait le respect et ils ont assez d'universalité pour intégrer des concepts que nous admettons sans toutefois les avoir assez fondés.

Nous devons par là même retrouver les caractéristiques d'un humanisme qui va de pair avec la mondialisation de tous nos rapports sociaux et moraux. Bien des vertus particulières pourraient et pourront s'en déduire, que d'autres, en d'autres lieux et d'autres œuvres, expliqueront avec plus de pertinence.

La parole d'abord. C'est, je le crois profondément, le principe de la relation entre tous les hommes. L'écrit reste ponctuel, somme toute assez rare, tandis que nous parlons sans cesse à autrui. Dans chaque existence, nous bavardons, discutons, dialoguons : nos paroles peuvent dire le pire et le meilleur. Nous les distinguons donc de *la* parole, engagement qui prend une signification beaucoup plus forte. La langue française rend bien compte du poids de la parole. Elle s'associe immédiatement à l'honneur ; elle se donne et se tient. Chacun apprécie l'autre qui n'en a qu'une.

Beckett et Ionesco avaient anticipé sur la dégradation de la parole que nous connaissons aujourd'hui. Lui redonner tout son sens, c'est restaurer la confiance et donner un poids de principe aux relations avec les hommes. Un monde sans parole est un monde profondément démoralisé car nous en avons besoin pour étayer nos espérances et notre solidarité.

Nous ne devons plus nous contenter d'écrire et d'attendre les signatures au bas de contrats validés par des hommes de loi ou des agents de la force publique. L'invasion des *lawyers* est la fin de la morale. La dégradation de la parole, publique et privée, est constatée de tous côtés. Si nous examinons le discrédit du politique, nous y retrouverons pour une bonne part cette protestation contre une parole qui se dénude de sens.

Nous vivons dans un monde d'images qui nous impressionnent. Leur pouvoir émotif crée l'illusion de la vérité et de l'authenticité. Mais l'image n'aura jamais une vertu morale, tandis que la parole en enveloppe le concept. L'image est en elle-même limitée dès qu'au-delà du Visage d'Autrui elle se multiplie et nous fait perdre tout sens : il suffit de tapoter pour en changer et fuir la réflexion. L'image nous réduit au silence. Elle-même devient silencieuse sur ces écrans où nous ne sommes plus que des moyens. L'image télévisée ne s'adresse plus à nous, mais à ses clients qui sont ailleurs. Pour nous retrouver comme fin, elle devra se réinvestir d'une parole nouvelle. Certes, la parole aussi peut subir mêmes contorsions et distorsions. Notre vigilance n'en doit être que plus grande, à la mesure de son enjeu supérieur.

La parole n'est et ne restera dévaluée que dans sa contradiction avec les actes. Le caractère péjoratif de l'expression « en paroles » signifie qu'on oppose à la parole une négation par les actes. Les linguistes insistent sur les verbes qu'ils appellent *performatifs* et qui parcourent notre langue commune : « Dire, c'est faire », pour reprendre un titre d'Austin. Ainsi agit le maire en disant : « Je vous déclare unis par les liens du mariage », ou encore l'animateur en annonçant : « Je déclare cette séance ouverte. » L'acte est la parole même. Il faut donc, avec attention, considérer la parole comme un acte, la rendre performative dans le maximum de cas.

On dira que le langage et la communication entre les hommes supposent bien des modalités. Ainsi le bavardage qui peut sembler futile est-il une propédeutique à la communication. Certes, tous les mots ne sont pas pesés. Toutes les paroles mesurées auraient alors une gravité trop sérieuse et sinistre. Or nous aimons la légèreté chantante des gens du Sud pour qui les paroles ont peu de poids, au regard des traditions plus nordistes. Mais la parole en jeu est celle qui engage les hommes les uns vis-à-vis des autres. Il faut pour cela que l'émetteur et le récepteur – comme on dit dans la communication –, c'est-à-dire deux hommes, aient le sentiment de cet engagement.

La parole, en ce sens, est un acte *généreux* : elle nous implique et, dans son engagement, nous fait donner quelque gage. Car notre société et nos consciences manquent surtout de générosité. C'est, me semble-t-il, le concept crucial de nos interrogations à venir. Il fut souvent oublié par nos moralistes et l'on tend à l'obérer dans des discours trop abstraits. Le seul qui en ait fait le centre de son œuvre est Descartes, justement lui, qu'on dénonce d'ordinaire, dans les entreprises, comme le parangon d'une rationalité un peu demeurée. Le *Traité des passions* l'aborde dans le concept et dans les actes qui en font pour lui la plus grande vertu : « N'estimer rien de plus grand que de faire du bien aux autres hommes et de mépriser son propre intérêt pour ce sujet. » On ne s'étonnera pas de le trouver aujourd'hui repris, dans des contextes divers, par Michel Serres ou Emmanuel Levinas, avec simplicité.

La générosité demeurait trop marginale dans la morale perdue. Elle se déduit mal de la haine, de la crainte du sexe et de la sauvegarde de l'ordre. Nous haïssions la morale infâme, nous l'aimerons généreuse. La générosité est nécessairement absente des éthiques en vogue. Le défaut est de principe, inscrit au cœur du slogan : « *Ethic pays* ». Qu'il nous faille une telle certitude pour songer à la moralité est un signe éclatant : les éthiques sont d'avares placements de pères de famille. Nous y confondons la moralité avec le calcul, l'intelligence et, souci majeur, l'image : « Ce n'est pas pour la montre que notre âme doit jouer son rôle » (Montaigne). On voudrait éviter la prise de risque en nous proposant une morale de comptable : à l'actif, l'image et le long terme ; au passif, quelques sacrifices sur le court terme. Or toute morale nouvelle ne peut échapper à la responsabilité essentielle de tout être, c'est-à-dire au risque et aux multiples épreuves dans lesquelles nous engage notre liberté. Faisant de cette responsabilité sa fondation, elle n'exige pas d'en être dégagée, elle l'assume et s'engage au contraire pleinement dans l'épreuve nécessaire du risque. La morale nous fait vivre au-dessus de nos moyens sans nous enfermer dans les taux de réussite qui sont autant de taux d'intérêt.

La générosité nous attend au tournant de cette morale qu'il faut appeler par son nom sans craindre, comme l'écrit Levinas, que « cela fasse rire la société évoluée », confondant le simple et le simplet. Le concept de générosité est *générique* : dans sa forme comme dans son contenu, il engendre les autres concepts et toutes les pratiques qui en découlent. Généreux comme concept par tout côté qu'on l'aborde : « Nous n'avons pas besoin de philosophie grandiose pour savoir, dès le jeune âge, que la générosité n'a pas d'équivalent dans les vertus de qualité haute. Aussi bien, le mot qui la désigne exprime l'engendrement ; non que le généreux soit né, seulement, ou gentil au sens de la noblesse, mais parce que le versement d'un flux précieux hors de soi mime ou commence les deux seuls actes qui vaillent, la production des œuvres et l'amour, qui quelquefois procrée la vie. Mère ou père d'un autre et vite de soi, le munificent crée ou le généreux vivifie alors que l'avare meurt, au sens exact, de saisissement. Seuls les prodigues produisent et nous ne naissons qu'à mesure de dons » (Michel Serres).

N'étant guère freudien, je ne crois pas en une filiation autre qu'étymologique entre Agapé et Eros ; par contre, je suis convaincu que le concept de générosité mérite un sort particulier. Il dit la dépense contre l'économie, l'ouverture contre la clôture, le flux contre les vannes. Celui qui interroge la terre, en ses semailles, dit le sol *généreux* quand il lui répond. Un tempérament généreux mesure mal ses efforts, évitant d'être parcimonieux dans ses engagements. Il peut errer, mais, dit encore ailleurs Michel Serres, « comme l'être et le néant, le mal et le bien se mesurent par le petit et le grand ».

Dans les concepts qui courent dominent des maîtres mots qui interdisent toute objection (antiracisme, droits de l'homme). Nous avons à les reprendre dans l'ordre des choses et dans l'ordre des raisons. Ils nous maintiennent au lointain, qui peut alors devenir l'inverse du prochain. Nos causes sont devenues mondiales pour n'être plus près de nous. C'est en partant du Visage de l'Autre, dans sa concrétude proche, que je peux légitimement penser au lointain. Dans l'ordre des raisons lui-même, l'antiracisme est bien de nature morale, mais il demande à être porté par une ambition plus haute que la seule haine de tous les racistes.

En évacuant la morale, nous avons oublié le Visage d'Autrui, comme le répète sans cesse Emmanuel

Levinas depuis quelques années. Avant de considérer — avec la distance *sidérale* qu'implique le mot — des terres étrangères, il faut *envisager* le plus proche. La modalité de la proximité réside dans la responsabilité, mais une responsabilité qui ne peut se réduire au champ de l'intervention économique : « La rencontre d'autrui est d'emblée ma responsabilité pour lui. » L'entreprise n'est qu'un lieu particulier dans lequel se vit cette rencontre. Il s'y trouve aussi d'autres hommes envisageables. Qu'elle édicte en son sein des règlements intérieurs relève du droit de chaque organisation à l'intérieur de son propre espace de pouvoir. La morale est à hauteur différente. Il n'est pas étonnant que le mot d'éthique, déformé, vulgarisé et instrumentalisé, y connaisse quelque succès : face au risque authentique d'une morale mal famée, l'éthique introduit une prudente distance.

« Ce qui est important, c'est que la relation à autrui soit l'éveil et le dégrisement » (E. Levinas). Nous sortirons ainsi du narcissisme dévastateur que produit une mauvaise psychanalyse : à se regarder et s'ausculter sans cesse, à se demander « si l'on va bien ou mal », on oublie que le bien et le mal sont d'autres catégories, d'un autre ordre. La morale qui sera la nôtre demeurera à hauteur d'homme. Etre responsable, c'est donner une réponse qui s'appelle générosité ; elle ressemble à cette « petite bonté » qu'évoquent ensemble Levinas et Grossman. « Vertu enfantine », « n'allant que d'homme à homme, sans traverser les lieux et les espaces où se déroulent les événements et forces ».

Si l'on excepte le travail de leur propre image, les politiques ne supportent pas l'exubérance de la générosité. D'abord parce que l'économie les soucie trop et que la politique s'achève toujours dans l'exaltation de l'économe. Ensuite parce que leurs jeux sont tout empreints de calcul. Lorsque Pie XI écrivait que « la politique, c'est la plus haute forme de la charité », il le disait en droit. Les faits nous ont montré que la pratique devait d'abord passer par l'individu, sans se défausser sur le collectif. Par ailleurs, la nature même de la générosité tolère mal l'intégration au politique : parce que « la *petite bonté* allant d'un homme à son prochain se perd et se déforme dès qu'elle cherche organisation et universalité et système, dès qu'elle se veut doctrine, traité de politique et de théologie, Parti, Etat et même Eglise ».

Quoique l'exemple du commerçant n'exalte guère explicitement cette vertu des vertus, il y ramène par principe : d'abord par la conscience qui se mobilise ; ensuite par le devoir qui s'exprime ; enfin, par l'intérêt qui se tait. La générosité est aussi catégorique que cet impératif, c'est-à-dire inconditionnelle. « L'impératif catégorique, l'originel et généreux projet », écrit Levinas. J'ai quelque scrupule en abordant la générosité comme un concept tant elle s'insère entre les paroles et les actes, tant elle est une parole en acte, un acte pour finir. La générosité est perpétuelle interrogation sur son contraire, sur ce qui la bride et l'inhibe. Pourquoi penser n'est-il pas toujours dépenser ? A la fois remettre en cause la pensée réductrice — qui ne fait que penser, narcissique, sans se dépenser — et promouvoir la pensée qui se jette en dehors d'elle-même, vers le Visage d'Autrui, « le commencement même de la philosophie » (Levinas). La générosité peut être notre repère nouveau, comme le sortir de soi qu'elle implique de *génération* en *génération,* comme le don dénué de stratégie. Elle est effectivement le repère qui fonde des interrogations nouvelles, trop vite obérées par des raisonnements plus politiques. Sans elle, les droits de l'homme restent formels, toujours en butte au droit des nations ou à la non-ingérence diplomatique. Nous allons, de plus en plus, être confrontés à des situations nouvelles dont l'analyse sera courte si elle n'est pas morale. Quelques événements récents le montrent avec force : quelle valeur peut aujourd'hui mobiliser notre conscience face au désespoir des Albanais parqués dans un stade ? Quelle interrogation peut nous faire dépasser le « sacro-saint » respect des frontières et le syndrome des charters ? Que faire avec ces touristes venus de l'Est, aujourd'hui libres mais démunis ? Ne doivent-ils être traités qu'en mauvais payeurs ? Que faire lorsque, dans un hôtel de vacances, forts de notre droit au repos, nous nous retrouvons en compagnie de handicapés mentaux ? Vitupérer la direction laxiste ou insouciante ? On pourrait multiplier les exemples dans l'actualité quotidienne, suffisamment événementiels, c'est-à-dire violents, pour être repris par la presse.

La générosité est au principe. On peut en déduire, par l'ordre des raisons, la reconstruction qu'elle opère avec empressement et le retour de notions laissées pour insensées.

Nous savons, sans peine, que le Samaritain, le Beur ou le Juif jouissent de cette générosité. L'Autre a un visage, mais pas de race. J'en suis responsable au sens où l'affirmait Dostoïevski : « Tous les hommes sont responsables les uns des autres, et moi plus que tout le monde. » « Et moi, et moi, et moi. » La chanson, symbole ironique de l'égoïsme, se retourne ici en générosité : « Et moi plus que tout le monde. » C'est pourquoi je dois bien concéder à tout homme ce droit, qui est comme « cette fameuse dette que je n'ai jamais contractée » (E. Levinas), ce qui signifie, en un mot, qu'on y donne toujours plus qu'on est obligé de le faire. La générosité écarte, dit Descartes, de la haine et du mépris, de la jalousie et de l'envie, de la peur et de la colère. Le droit de l'homme n'est pas premier, jamais inféré d'une quelconque intelligence, contredit dès qu'il se réduit à une démarche intellectuelle. Il est générosité qui passe les frontières et voit, au-delà d'un visage, tous les visages que je ne vois pas. Car il s'agit toujours, dans ce mouvement de dépense aveugle – d'« énergie normative », comme l'écrit Levinas –, d'épargner à l'homme toute dépendance dans laquelle il serait réduit à un moyen au service d'une finalité extrinsèque. Nous rejoignons encore le principe kantien qui est la clef de toute moralité et s'en vient contredire toute éthique qui instrumentalise ma relation à autrui. Dans les droits de l'homme, le prochain rejoint le lointain qui est toujours, en droit, le « premier venu ».

Raymond Devos joue avec entrain de cette expression car elle désigne bien la médiation entre l'autre concret que je croise par hasard et l'autre abstrait dont je défends les droits, au loin. A m'époumoner sans enraciner mes cris dans la généreuse morale, j'en viens à scander des slogans, à répéter ce que d'autres fabriquent, vite fait, pour manifester quelque chose contre quelque autre. C'est pourquoi la générosité est vraiment cardinale : elle reprend dans son périple incessant bien des valeurs absentes dans le concert des slogans militants. On y retrouve les handicapés oubliés dans l'entreprise et l'administration, aussi bien que le vieil homme debout dans le métro. On n'y méprise plus la *politesse*, autrefois exclue comme convention mécanique, quand elle est avant tout ce que l'Autre attend de moi comme mon devoir. On y salue l'*honneur*, débarrassé de ses codes féodaux, tant il gaspille des plaisirs éphémères pour de généreux sacrifices. On reconnaît le *pardon*, clémence bienveillante. Ou encore le *courage*, la *patience*, la *tolérance*.

La générosité nous fait entrer par la grande porte dans un monde empoussiéré de valeurs regrettées, quand les éthiques multiplient les consignes mesquines et locales. Même définie comme « petite bonté », la générosité a la grandeur du « dés-intéressement. » Combien de fois n'avons-nous pas dit, de tel ou tel comportement, qu'il était « petit », quand nous n'osions plus parler de mal ? Bergson aimait opposer la « morale ouverte » à la « morale close » : il avait l'intuition prémonitoire de ce qui serait une succession historique, la morale ouverte s'étayant sur les décombres d'une morale close dépassée par l'histoire des hommes.

La générosité est difficile, même si elle n'est pas ascétique. Son contraire, l'égoïsme, peut l'être plus, tant il faut, pour garder sa cassette, veiller, surveiller et tempêter. La joie enveloppe la générosité comme elle le fait de notre corps. Kant serait sans doute offusqué qu'on l'associe aux qualités du tempérament, si éloignées selon lui de la « bonne volonté ». Telle est pourtant l'intention de Descartes : traiter la générosité comme une passion. Cette relation l'enrichit car elle montre la voie de transformer une vertu en nature ou en habitude, comme l'exigeait Aristote. Il est des natures généreuses, dit-on pour décrire des seins lourds ou des rondeurs aberrantes qui ne demandent qu'à s'excroître. Ces natures expriment un excès dans le mouvement vers l'extérieur, comme le fait celui qui verse *généreusement* à boire. Mais est-il excès possible tant que subsiste l'interrogation ? Tant qu'au lieu d'une réponse la générosité posera toujours question sur nous-mêmes et nos rétentions ?

Outre la famille et nos cercles d'amis incontrôlables et fortuits, l'éducation et la communication peuvent contribuer à rendre naturelle cette générosité. Sans leurs contributions directes et indirectes, nous en resterons aux vœux tristement pieux.

Nous ne nous passerons ni de l'école ni des médias télévisés. Je suis convaincu que les instituteurs, désormais baptisés « professeurs des écoles », sont loin d'être hostiles à cette entrée généreuse dans le monde de la morale. Dès qu'il ne leur manquera plus le courage des mots, leur travail sera le plus efficace, car il est le plus profond et le plus durable. Parole, actes et générosité constituent le souvenir qu'en leurs mémoires les enfants des campagnes gardent de ces missionnaires laïcs. La générosité est le sens même du métier d'enseignant quand il fuit les corporatismes et retrouve l'authentique relation à l'autre, plus jeune, qui l'attend. Car nos enfants, élèves et étudiants rêvent d'exploiter le savoir et le temps de leurs maîtres afin d'engranger ce que nous pouvons leur donner. Cette demande, nécessaire et légitime, demeure avaricieuse si elle reste seule, hors de tout don de soi : c'est souvent la limite morale, la plus grave et la plus inquiétante, de nos meilleures écoles. Je ne crains pas qu'elles développent l'émulation et la compétition car on y apprend ainsi la dépense ; je redoute surtout qu'elles ne cultivent l'économie et la parcimonie.

L'ambition est juste et la désillusion terrible, quand le maître ne s'investit pas et prend quelque distance vis-à-vis de sa mission. Il est vrai qu'aujourd'hui le maître vit dans un monde « petit », entre une administration pingre et des parents irrespectueux, ne devant qu'à lui-même la générosité qui le fait survivre et fait vivre ses classes. Nous avons aujourd'hui besoin d'une école qui sache faire vivre les valeurs qu'elle achevait d'abhorrer quand elles confortaient l'ordre social ; elles attendent aujourd'hui la généreuse subversion d'une morale retrouvée.

Car la générosité s'apprend. Elle se nourrit mal des seuls exemples héroïques : d'une part, ils sont toujours suspects de leur souci d'une image positive ; d'autre part, l'éducation morale ne doit pas faire appel à l'imitation, servile et dangereuse, qui n'est pas la méthode d'un homme libre. La générosité a grand besoin de l'apprentissage scolaire. L'ancienne morale, répudiée, passait par l'art de faire honte, et les leçons en sont perdues tant cette technique choque notre temps : il nous faudra des leviers plus positifs, au-delà de la menace. Nous pouvons déjà en avoir quelque idée : depuis bien longtemps, les parents et les éducateurs se satisfont de voir leurs ouailles *se dépenser*. C'est dans cette voie qu'il nous faut aller : se dépenser, *se donner du mal*, c'est bien, pense-t-on à juste titre ; c'est toujours *se démener*, c'est-à-dire s'éduquer, comme le confirme l'étymologie. *Se démener* est d'ailleurs un joli mot, privilégié, puisqu'il existe seulement sous la forme pronominale et dit bien la part du sujet dans la dépense. La générosité peut ainsi se vivre dès l'école, dès l'enfance, mais elle n'est pas la fatalité d'une jeunesse trop flattée, censée en avoir l'intuition immédiate. Car la générosité passe avant tout par une exigence toujours recommencée qui ne s'inscrit pas dans un âge de la vie. On y peut prendre du plaisir, comme le soulignait Kant du devoir accompli. L'école est, en droit, un cercle vertueux de générosités qui s'alimentent les unes les autres. Y parler de morale permettrait d'y reconnaître le bien qui exige d'être nommé. Généreux, le *bien-nommé*.

Les médias aussi nous sont nécessaires : la générosité, pour être commune, doit être communiquée. La télévision privée, pour sa part, souffre d'un *saisissement* viscéral : elle craint toujours de distribuer trop, de « voler trop haut », d'offrir de l'excès quand on se satisferait de soap opera. Nous ne saurions faire l'impasse sur les grands moyens de communication. Aucune morale ne peut maintenant reprendre pied sans ce consensus, cette intercompréhension qu'elle contribue à développer. C'est pourquoi les choix doivent être clairs. L'institution privée ne peut combler notre attente car elle n'a pas en charge cette communication sans laquelle toute morale nous échappe, faute de consensus nécessaire. Il n'y a aucune raison d'attendre des chaînes privées qu'elles s'acquittent des missions qui ne sont pas les leurs — les leurs sont ailleurs, sans mépris aucun. Il faut de bons commerçants, mais aussi d'autres hommes qui pensent et diffusent au-delà du profit des annonceurs en droit d'obtenir ce qu'ils payent.

Des chaînes authentiquement publiques pourraient s'assigner des missions à la hauteur des hommes et des citoyens que nous sommes. La morale, avec son acception périmée, demeurait dans l'opprobre, en évoquant la censure. La générosité en est tout le contraire : elle substitue la pléthore au défaut, l'excès à la coupure. Elle ne se réduit guère à l'espace d'un Téléthon, sur l'unique affirmation : « Vous êtes tous formidables. » Une chaîne peut être de galère comme de solidarité. Dans la mesure où les grands médias publics font aujourd'hui une grande partie de notre lien social, il est décisif qu'ils répondent à de généreuses exigences sans se contenter de répercuter des notions ambiantes. Il ne s'agit pas d'envahir les ondes et les images de discours vertueux : la télévision pourrait être édifiante, dans sa pratique même, sans inflation de discours péremptoires. Elle pourrait par exemple nous apprendre à comprendre les autres, prochains et lointains, à les regarder au-delà du plaisir sadique et de l'émotion visuelle : la générosité commence par un regard détourné de soi-même et se cultive dans cette occupation du temps.

Notre histoire présente, sans guerre à domicile ni palinodie coloniale, est un défilé de modes. Nous passons le temps à saisir, au vol, des vêtements, variétés en tubes et notions éphémères. Telle est l'éthique, parure d'un soir, valse des valeurs, ersatz de morale. Elle occupe un moment sophistiqué de nos égoïsmes.

Nous oublions, de nos parents et grands-parents, les temps plus difficiles et douloureux, surtout plus exigeants pour ces anciens combattants d'autres causes maintenant disparues. Nous oublions que notre temps est plus libre de soucis et notre espace de tous envahisseurs. Nous oublions qu'il fallait moins de force et de courage pour renverser la morale que pour anéantir les fascismes. Nous oublions l'heur d'une paix qui dure.

Nous pourrons avoir de plus nobles occupations, plutôt que de déconstruire, dans un divertissement ravageur, ce qui n'est pas détruit par des armées ennemies. Par chance, nous n'avons plus à compter les autres, morts, blessés, ou absents. Cette chance est considérable : il nous reste aujourd'hui la place pour de plus belles effusions, loin du sang et des larmes. Quand d'autres devaient reconstruire un pays en ruine, nous pourrons, nous tous, reconstruire une morale désolée.

BIBLIOGRAPHIE SOMMAIRE

Outre divers articles de presse des années 1990 et 1991 :

Autrement, série Morales, 1991.
Autrement, « L'éthique, corps et âme », 1987.
BERGSON Henri, *Les deux sources de la morale et de la religion*, PUF.
CRINON Jacques, *Lire les droits de l'homme à l'école*, Magnard, 1989.
DEBRAY Régis, *A demain de Gaulle*, Gallimard, 1990.
DEBRAY Régis, *Cours de médiologie générale*, Gallimard, 1991.
DEMONQUE Marcel, *Textes et propos*, Lafarge-Coppée.
Esprit, mai 1991, « Nouvelles responsabilités ».
Ethique, « La vie en question », n° 1, été 1991.
GÉLINIER Octave, *L'éthique des affaires*, Seuil, 1991.
HABERMAS Jürgen, *Morale et communication*, Cerf, 1987.
HABERMAS Jürgen, *Théorie de l'agir communicationnel*, Fayard, 1988.
HAYEK F.A von, *Droit, législation, liberté*, PUF, 1987,
INSTITUT DE L'ENTREPRISE, *L'entreprise et l'éthique*, 1991.
JEAN-PAUL II, *Centesimus annus*, Centurion, 1991.
LANDIER Hubert, *Vers l'entreprise intelligente*, Calmann-Lévy, 1991.
LECERF Olivier, *Convictions d'un chef d'entreprise*, 1988.
LEVINAS Emmanuel, *Ethique et infini*, Fayard, 1987.
LEVINAS Emmanuel, *Entre nous*, Grasset, 1991.

MINC Alain, *L'argent fou*, Grasset, 1990.
Projet, « La vague éthique », 1991.
QUÉRÉ France, *L'éthique et la vie*, Odile Jacob, 1991.
SCHERRER Victor, *Dans la jungle des affaires*, Seuil, 1991.
SERRES Michel, *Le Tiers-Instruit*, François Bourin, 1991.
SERRES Michel, *Discours de réception à l'Académie française*, François Bourin, 1991.
TESTART Jacques, *L'œuf transparent*, Flammarion, 1987.
TESTART Jacques, *Le magasin des enfants*, François Bourin, 1990.
WOLTON Dominique, *Eloge du grand public*, Flammarion, 1990.
WOLTON Dominique, *War games*, Flammarion, 1991.

TABLE

COLLECTION AGORA

Collection d'essais de Pocket, « Agora » aborde tous les domaines de la pensée : des auteurs du XXe siècle aux grands textes fondateurs regroupés dans « Agora les Classiques ».
Collection dirigée par François Laurent :

(Les titres suivis d'une puce font partie de la collection « Agora les Classiques ».)

ANTHOLOGIES

Les atomes •
Aux origines de la linguistique française •
Les classiques de l'économie •
La découverte des lois de l'hérédité •
Les discours du corps. Une anthologie •
Droits de l'homme et philosophie. Une anthologie •
Ecrire au XVIIe siècle •
L'esthétique romantique •
L'invention de la préhistoire •
La naissance de la vie •
L'Orient au miroir de la philosophie •
Philosopher, tome 1 et tome 2
La République et l'école •
Les théories de l'évolution •

ARENDT Hannah

Auschwitz et Jérusalem
Condition de l'homme moderne
Du mensonge à la violence
Rahel Varnhagen

ARISTOTE

Ethique à Nicomaque •
Leçons de physique •
La Métaphysique •

ARON Raymond

Dimensions de la conscience historique

BALDRY H.C.

Le théâtre tragique des Grecs

Bayle Pierre

De la tolérance •

Berlin Isaac

Trois essais sur la condition juive

Borges Jorge Luis

Nouveaux dialogues
Ultimes dialogues

Bukofzer Manfred F.

La musique baroque

Butor Michel

Improvisations sur Flaubert

Camus Albert/Koestler Arthur

Réflexions sur la peine capitale

Cassirer Ernst

La philosophie des Lumières

Chaliand Gérard

Miroirs d'un désastre

Charbonnier Georges

Entretiens avec Lévi-Strauss

Cobb Richard

La protestation populaire en France (1789-1820)

Curtius Ernst Robert

La littérature européenne

Danielsson Bengt

Gauguin à Tahiti et aux îles Marquises

Democrite

L'atomisme ancien •

DESCARTES René

Discours de la méthode •

DIDEROT Denis

Supplément au voyage de Bougainville •

ELIADE Mircea

L'Inde

ELIADE Mircea/COULIANO I.P.

Dictionnaire des religions

ELIAS Norbert

La civilisation des mœurs
La dynamique de l'Occident
Qu'est-ce que la sociologie ?

ESPAGNAT Bernard d'

A la recherche du réel

FERMIGIER André

Toulouse-Lautrec

FOCILLON Henri

Benvenuto Cellini
Piero Della Francesca
Raphaël

FRIEDMAN Milton

Inflation et systèmes monétaires

GOULD Glenn

Entretiens avec Jonathan Cott

GUICHARD-MEILI Jean

L'art de Matisse

HAYEK Friedrich von

Scientisme et sciences sociales

Hegel

L'esprit du christianisme

Herder Johann Gottfried

L'histoire universelle •

Hildesheimer Wolfgang

Mozart

Humbert Elie

Jung

Isaac Jules

Genèse de l'antisémitisme

Jankelevitch Vladimir

Fauré

Jaspers Karl

Les grands philosophes, tome 1, tome 2 et tome 3

Lachelier Jules

Fondements de l'induction •

Leibniz

Discours de métaphysique •

Lévi-Strauss Claude

Anthropologie structurale
Histoire de lynx
La pensée sauvage
La potière jalouse
La voie des masques

Lewis Bernard

Istanbul et la civilisation ottomane
Sémites et antisémites

Maistre Joseph de

Essai sur le sacrifice

MALEBRANCHE Nicolas de

De l'imagination •

MAURIAC François

Le romancier et ses personnages

MILL John Stuart

De la liberté •

MONTAIGNE

Sur l'éducation : trois essais •

PAPAIOANNOU Kostas

Hegel

PASCAL Pierre

Dostoïevski, l'homme et l'œuvre

PATOČKA Ian

L'art et le temps
L'écrivain, son « objet »

PLATIN

Du beau •

PLATON

Apologie de Socrate et le Criton •
Le banquet •
Phédon •
Phèdre •

POE Edgar Allan

Eurêka •

POLIAKOV Léon

Bréviaire de la haine
Le mythe aryen

POPPER Karl

Misère de l'historicisme
La quête inachevée

Poulet Georges

Etudes sur le temps humain, tome 1, tome 2, tome 3 et tome 4

Renan Ernest

Qu'est-ce qu'une nation ? •

Revel Jean-François

L'absolutisme inefficace

Robert Marthe

D'Œdipe à Moïse
Seul, comme Franz Kafka

Rodinson Maxime

La fascination de l'islam

Romilly Jacqueline de

Patience mon cœur
Problèmes de la démocratie grecque

Rostand Jean

Confidences d'un biologiste

Rousseau Jean-Jacques

Discours sur l'origine et les fondements de l'inégalité parmi les hommes •
Essai sur l'origine des langues •

Scholem Gershom

Fidélité et utopie
Le messianisme juif
Walter Benjamin. Histoire d'une amitié

Schrade Léo

Monteverdi

Sénèque

Lettres à Lucilius •

Spinoza

Traité de la réforme de l'entendement •

STRAUSS Leo

La cité et l'homme
La persécution et l'art d'écrire

SUN Tse

L'art de la guerre •

WEBER Max

Essais sur la théorie de la science
L'éthique protestante et l'esprit du capitalisme

WEIL Simone

La pesanteur et la grâce

STRAUSS Leo

La cité et l'homme
La persécution et l'art d'écrire

SUN TSE

L'art de la guerre

WEBER Max

Essais sur la théorie de la science
L'éthique protestante et l'esprit du capitalisme

WEIL Simone

La pesanteur et la grâce

Achevé d'imprimer en octobre 1995
sur les presses de l'Imprimerie Bussière
à Saint-Amand (Cher)

POCKET - 12, avenue d'Italie - 75627 Paris Cedex 13
Tél. : 44-16-05-00

— N° d'imp. 2485. —
Dépôt légal : octobre 1995.

Imprimé en France